# LE GUIDE PAS À PAS

W0380360



## DES VILLES À LA CAMPAGNE

*«Une ville, une campagne de loin est une ville et une campagne ; mais à mesure qu'on s'approche, ce sont des maisons, des arbres, des tuiles, des feuilles, des fourmis, des jambes de fourmi, à l'infini. Tout cela s'enveloppe sous le nom de campagne.»*

Blaise Pascal



## DES MOTS EN CHEMIN

**Présentation des 36 circuits de petite randonnée classés en quatre entités :**

# CONSEILS ET

*Que vous soyez un randonneur assidu, un promeneur occasionnel ou tout simplement curieux de mieux connaître la Région clermontoise, nous vous conseillons vivement la lecture de la présente rubrique. Les renseignements qu'elle contient vous seront très utiles pour exploiter cet ouvrage et profiter pleinement de vos balades.*

## PRATIQUE DU TERRAIN ET UTILISATION DU GUIDE

### VOUS AVEZ DIT PR ?

*PR : Petite Randonnée, décrivant une boucle et ne dépassant généralement pas 6 heures de marche.*

Pour effectuer une randonnée dans de bonnes conditions et «rester dans le bon chemin», trois éléments doivent guider l'utilisateur ; ce sont :

1 - le balisage et toute signalisation sur le terrain qui doivent toujours être les éléments premiers du repérage ;

2 - la cartographie : tous les circuits de ce topoguide sont représentés sur des fonds de cartes IGN en couleurs ;

3 - la description de l'itinéraire, détaillée dans le topoguide.

## BALISAGE ET FLÉCHAGE HABITUELS DES CIRCUITS DE PETITE RANDONNÉE

BLEU durée jusqu'à 2h00

JAUNE durée de 2h15 à 3h45

VERT durée de 4h00 à 6h00

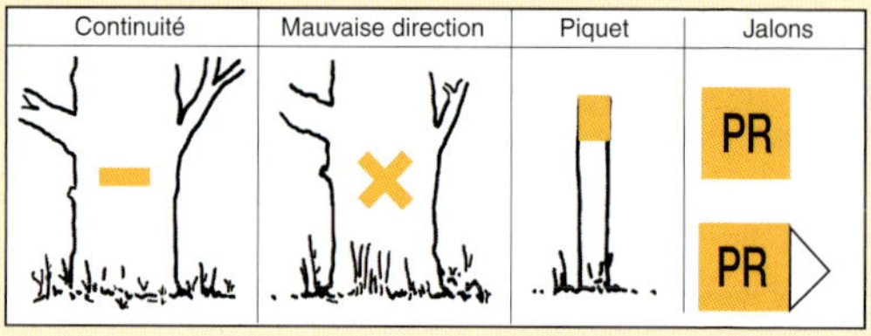


*• La liste générale des circuits qui se trouve sur le rabat I de la couverture fait apparaître la relation durée/couleur énoncée ci-dessus.*

*• De même, chaque circuit est présenté dans le guide avec la couleur d'accompagnement qui correspond à sa durée à pied.*

*• La couleur du balisage est mentionnée en toutes lettres dans le bandeau générique de chaque circuit. Lorsqu'elle ne correspond pas à la durée à pied du circuit, c'est que l'on a affaire à un balisage déjà existant ou imposé localement.*



**Le balisage** est constitué de marques à la peinture bleue, jaune ou verte, suivant la durée du circuit. Ces marques sont placées sur des arbres, rochers, murs, clôtures, etc. Des piquets dont l'extrémité est peinte, ou des jalons de la couleur du balisage du circuit sont placés dans certains cas particuliers en complément du balisage à la peinture.

**BALISAGE DES SENTIERS DE GRANDE RANDONNÉE**

*Itinéraires réalisés par les comités départementaux de la FFRP.*

Néanmoins, sur certains sentiers, le randonneur pourra rencontrer des balisages dont la couleur ne correspond pas à la règle énoncée ci-dessus. C'est le cas par exemple lorsqu'un circuit emprunte un tronçon de Grande Randonnée (balisage blanc et rouge), un tour de pays (balisage jaune et rouge), lorsqu'il suit une piste de ski de fond, qu'il recoupe un autre sentier local, lorsqu'il existe plusieurs sentiers déjà balisés dans la même commune, etc. Généralement, ces cas sont signalés dans le guide, dans les «Infos pratiques» et les descriptions des circuits concernés.

# RENSEIGNEMENTS PRATIQUES

Mais, attention, après publication du présent topoguide, des modifications peuvent intervenir sur le terrain, dont nous tiendrons compte dans notre prochaine édition. Dans l'intervalle, nous ne pouvons être tenus pour responsables d'éventuels changements indépendants de notre volonté.

Les circuits sont décrits et généralement balisés dans un seul sens, choisi en fonction de l'intérêt de l'itinéraire ou de certaines difficultés (dénivelée). Des raccourcis, hors circuits ou variantes sont parfois signalés dans la description d'un itinéraire, dans les «Infos pratiques» ou en pointillés sur la carte attenante. Ils ne font généralement pas l'objet d'une description ni d'un balisage sur le terrain.

Le temps pour chaque circuit est donné à titre indicatif, calculé selon une marche effective, à allure normale, sans être chargé, soit environ 3,5 km à l'heure, sans pause ni arrêt, en terrain varié ne présentant pas de difficultés particulières. Chacun devra donc interpréter les durées proposées en fonction de son rythme, de ses capacités personnelles, de la configuration générale du terrain, des accès aux curiosités indiquées hors circuits ou des variantes.

***Des panneaux, sur le modèle ci-dessus, sont placés au point de départ de chaque circuit. Ils rappellent les principales caractéristiques de l'itinéraire que vous allez emprunter.***
***La numérotation des circuits figurant dans le guide n'est pas reportée sur les panneaux de départ.***

| SYMBOLES ET ABRÉVIATIONS CONVENTIONNELS | |
|---|---|
| ▲ Altitude | Château |
| ★ Site ou curiosité | Site géologique |
| Zone boisée | Flore remarquable |
| Point de vue | Gîte d'étape |
| Mégalithe | Restauration |
| Ruines intéressantes | Produits locaux |
| Architecture religieuse | ●●● Hors circuit , raccourci, variante ou PR de proximité |
| Architecture militaire | |
| Architecture civile | – – GR, Tour de Pays |
| Bourg intéressant | Autre information |

Pour chaque circuit, les rubriques «Infos pratiques» et «Voir et savoir» indiquent les principales caractéristiques de la balade, repérées au moyen des symboles ci-dessus. La rubrique «A proximité» propose de découvrir un site naturel, un monument, un village... situés non loin du circuit et méritant un détour. Dans la plupart des cas, les symboles sont rappelés sur la carte qui accompagne chaque circuit.

## MISE EN GARDE

*Les circuits proposés dans ce guide sont conçus pour être parcourus à pied. Ils ne peuvent en aucun cas être considérés comme des pistes équestres, des pistes de ski ou des voies de passage pour engins motorisés.*
*Certains passages traversent des propriétés privées. Sachez que toute détérioration et atteinte au droit de propriété peuvent entraîner l'annulation du droit de passage et, par là même, la suppression de la balade. Ces passages aimablement tolérés par des propriétaires privés sont parfois signalés par un panneau spécial. Respectez les indications énoncées sur ce panneau.*
*Rappelez-vous que vous randonnez à vos propres risques, et que vous êtes responsable des accidents qui pourraient survenir à vous-même, ou au préjudice d'un tiers du fait du non-respect de ces recommandations.*

## ACCÈS AUX ITINÉRAIRES

Le point de départ de chaque circuit est accessible aux véhicules avec possibilité de stationnement.
Certaines balades sont desservies par le train ou des services d'autocar. Pour les connaître, se reporter au tableau de ressources qui se trouve en fin d'ouvrage. On peut également se renseigner auprès des offices de tourisme et syndicats d'initiatives (voir le carnet d'adresses page 92).

## SAISONS CRITIQUES

• En période de crues des rivières, certains circuits peuvent être partiellement impraticables, notamment ceux qui longent l'Allier.
• En période de chasse, il est recommandé d'être prudent, durant les battues au grand gibier entre autres : se renseigner avant de partir, auprès des mairies.

## MESURES DE PRUDENCE

*Choisissez votre itinéraire en fonction de vos possibilités et de votre forme physique. Ne surestimez pas les capacités de vos enfants et prévoyez des moments de pause.*

• **Évitez de partir par mauvais temps :** brouillard, orage, périodes de crues... Attention aux pentes herbeuses, terreuses, que la pluie rend plus glissantes. Sachez vous repérer sur la carte et utilisez une boussole.
• **Protégez-vous du soleil et emportez de l'eau.** Évitez de boire celle des ruisseaux, cascades ou abreuvoirs.
• **Attention aux feux** en période de sécheresse, notamment en forêt et dans les terrains broussailleux : ne jetez pas vos mégots de cigarettes ; n'allumez pas de feux sans autorisation.
• On peut **se munir d'un "Aspi-venin"**, à condition d'en connaître les précautions d'emploi. Renseignez-vous également sur les réactions allergiques (piqûres d'insectes, guêpes, etc.)

## RESPECT DU MILIEU

*La cueillette des fleurs, des petits fruits et des champignons est réglementée. Les fouilles clandestines sont interdites. Le respect du patrimoine bâti et artistique s'impose. De nombreuses zones présentent un intérêt écologique, faunistique, floristique et archéologique majeur. Respectez-les, suivez les chemins existants. La sauvegarde des sites en dépend.*

Les itinéraires empruntent la plupart du temps des chemins ruraux et traversent parfois des forêts et des pâturages. Les randonneurs doivent suivre impérativement les conseils suivants :
• Dans le cas où il n'existe pas de dispositif spécial pour franchir les clôtures (barrières amovibles à refermer absolument, escabeaux, chicanes, etc.), passez sous les barbelés, mais ne les escaladez pas.
• Respectez les prairies, les cultures, les boisements... Dans les zones de pacage, passez à distance des animaux pour ne pas les effrayer. Ne laissez pas votre chien en liberté. Évitez même de l'emmener si le circuit traverse une zone d'estive ; il peut être à l'origine d'un accident grave dont vous seriez la première victime.
• Pensez au stationnement gênant, même les dimanches et jours de fêtes : entrée de chemins, de champs, de fermes.

# RENSEIGNEMENTS PRATIQUES

• Pour des raisons esthétiques et sanitaires, n'abandonnez pas de détritus. Utilisez les poubelles ou emportez vos déchets.
• Ne campez pas en dehors des terrains aménagés à cet effet, sauf si vous avez l'autorisation des propriétaires.
Une négligence de ces conseils pourrait entraîner le refus légitime de laisser à l'avenir certains chemins ouverts aux randonneurs.

## ÉQUIPEMENT

Quelles que soient l'altitude, la situation des itinéraires ou la période de l'année :
• **Emportez des vêtements adaptés à la marche** et aux variations climatiques ; prévoyez notamment un pull et un vêtement de pluie.
• **Portez de bonnes chaussures** pour faire face à toute situation inhérente à la nature ou à l'état des chemins.
• Dans un petit sac à dos, **emportez quelques provisions,** de l'eau, un couteau et éventuellement une boussole.

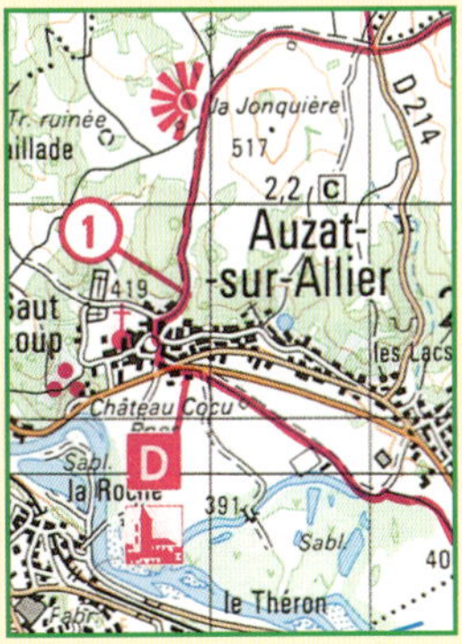


## CARTOGRAPHIE

Pour préparer vos balades, imaginer des variantes ou élaborer vous-même vos itinéraires, vous pouvez consulter les documents suivants :
• Carte Michelin au 1/200 000e : n° 73.
• Carte IGN série Top 250 au 1/250 000e : n° 111, *Auvergne.*
• Carte IGN série verte au 1/100 000e : n° 42
• Cartes IGN série bleue au 1/25 000e : nos 2430 est - 2530 est et ouest - 2531 ET - 2531 est - 2630 ouest - 2631 ouest - 2532 est - 2632 ouest - 2533 est - 2432 ET.

*Les fonds de cartes utilisés dans ce topoguide sont des reproductions des cartes de l'Institut Géographique National (IGN) :*
*• Série orange au 1/50 000e : nos 2530 - 2531 - 2532 - 2630 - 2631 - 2632 - 2633.*
*• Série bleue au 1/25 000e : nos 2530 est et ouest - 2531 est - 2532 est - 2631 ouest - 2632 ouest.*
*Autorisation n° 50-6031 © IGN 1984-1985-1988-1994-1995.*

*Vous trouverez les informations pratiques dont vous avez besoin pour compléter ou agrémenter vos balades en fin d'ouvrage : dans le carnet d'adresses pages 92-93 et dans le tableau de ressources des communes sur le rabat et la 3e de couverture.*

**Agence AUVERGNE-LOIRE-ARDÈCHE**
Parc d'Affaires de Crécy
5b, rue Claude-Chappe
69370 Saint-Didier-au-Mont-d'Or
Tél. : 04 37 64 24 70 - Fax : 04 37 64 24 80 - www.ign.fr

"Il n'y a qu'une haie à traverser (...) et tout, exactement tout devient possible."
Henri Pourrat
AUVERGNE
Le Conseil Régional agit pour le tourisme en Auvergne
IAPA / Photos : Conseil Régional / Joël Damase

# Chamina

*Association pour le développement du tourisme et des loisirs de randonnée*

**5, rue Pierre-le-Vénérable**
**63057 Clermont-Ferrand Cedex 1**
**Tél. 04 73 92 81 44 - Fax 04 73 91 62 24**
**info@chamina.com - www.chamina.com**

*Depuis sa création en 1974, Chamina a étendu son action à l'ensemble des activités de nature et de randonnée. Elle s'est orientée et organisée pour œuvrer au développement touristique et économique des pays, pour répondre aux attentes des clientèles utilisatrices et aux besoins des collectivités locales.*

- Création et maintenance d'itinéraires de randonnée et de découverte ;
- Gestion et animation des infrastructures et des réseaux liés à la randonnée ;
- Participation à la valorisation touristique des territoires avec la marque générique Rando Accueil, qui recouvre plusieurs types d'hébergements sous les enseignes Rando Plume, Rand'Hôtel, Rando Gîte et Rando Toile, privilégiant l'accueil, l'ambiance, la convivialité et orientés principalement sur les activités de type balades, sports, découvertes... ;
- Conduite d'études, expertise, conseil et assistance technique auprès des collectivités locales ;
- Conception et mise en œuvre de programmes d'aménagement et de signalétique ;
- Édition de plusieurs collections de guides de randonnée et de découverte, de dépliants, de cartes et de beaux livres... ;
- Développement de nouveaux concepts pour rendre la randonnée accessible à tous, tel « Douce Heure », qui s'adresse aux personnes à mobilité réduite ;
- Promotion de la randonnée et des activités de nature, *via* son centre d'information l'*Espace Massif Central* à Clermont-Ferrand et son site Internet.
- Par ailleurs... Chamina soutient l'activité des *Amis de Chamina*, réseau de bénévoles qui contribue à la maintenance des itinéraires et organise des sorties à thèmes ; de l'agence de voyages *Chamina Sylva*, qui propose séjours et randonnées en France et à l'étranger.

**Toute documentation complémentaire sur les activités de CHAMINA vous sera adressée sur simple demande.**

## RÉALISATION

La mise en place des itinéraires et la réalisation de ce guide sont le résultat d'un important travail collectif qui a été possible grâce à une collaboration entre Chamina et ses partenaires.

■ Pour la création et la matérialisation des circuits : M. ANDRÉ, L. et R. ASTIER, P. BATAILLE, T. BÉCOT, H. BERGER, E. et F. BOUCHET, E. BOUDON, M. BRUN, P. CAENEN, J. CHAPPE, E. CHAPUT, D. DECOMBES, L. DUFOUR, N. DUTRANOY, B. GAYOU, C. GOISLOT, A. GUILLEMAIN, G. GUYBERT, Y. JULIA, B. LEFILS, M. LEVET, M. L'HOPITAULT, P. PEROL, J. PLANEIX, J.-C. PRADIER, M. ROCHETTE, J.-P. SAUVANT, R. THÉVENET, C. TIJOU, B. VEISSIÈRE, A. WIEDEMANN, et toutes les communes qui nous ont apporté leur aide ou leurs conseils.

■ Suivi administratif : V. BONNET.

■ Pour la réalisation du topoguide : P. ENJELVIN, auteur – J.-J. PÉRICHAUD, ancien géologue du B.R.G.M. – J. BLANCHON, ingénieur agronome – S. TOURRET, L.P.O – C. CLÉMENÇON, A.S.C.O.T..

● *ont également fourni des informations :* E. ARDUINI – Mr ASTRUC, maire de Montpeyroux – C. BERTHOUL – A. CHALVIGNAC, maire d'Orbeil – Mme COURTET, Association des Amis de la Commanderie – A. DUCROS, instituteur de Seychalles – J.-C. HABRIAL, SOMIVAL – I.N.R.A. – Musée de la Vigne et du Vin à Aubière – O.N.F.

● *Dessins et cartographie :* François PUZENAT – Suzanne et Didier SCHREINER – Anne GUILLEMAIN – IDÉOGRAPHIQUE.

● *Relecture :* Thierry DESCAMPS.

● *Responsable de fabrication :* Michèle CLOUVEL.

● *Rédaction, secrétariat d'édition, mise en page :* Hélène BERGER.

● *Photos (repérées au fil des pages par les initiales de leurs auteurs) :* MA : Michel AGON – ND : Norbert DUTRANOY – PE : Pierre ENJELVIN – AG : Anne GUILLEMAIN – GG : Gérard GUILLOT/LPO – IG : Inventaire Général/SPADEM, cliché CHOPLAIN, MASTON – LUTRA : Photothèque LUTRA (Pierre ENJELVIN et Christian GUY) – AM : Alain MAILLOT/C.D.P.E. – HM : Hervé MONESTIER – MS : Marc SAGOT – CT : Christian TIJOU.

● *Photocomposition :* Sylviane BARTHOMEUF.

● *Mise en page P.A.O. :* Marylin GALVAING.

● *Photogravure :* SOTIS, Chamalières.

● *Couverture :* VICE-VERSA, Clermont-Ferrand.

● *Impression :* Loire Offset Titoulet (42).

■ Montage de l'opération, coordination générale et direction de collection : Christian TIJOU.

Cette opération a été réalisée par CHAMINA, avec la participation financière de la Ville de Clermont-Ferrand, du Conseil Général du Puy-de-Dôme, de la Région Auvergne, de l'État (FNADT Départemental).

# DES VILLES

# À LA CAMPAGNE

## UN PAYS DE COCAGNE

Pierre ENJELVIN
*Promeneur du dimanche et... de la semaine.*

Comment d'un seul regard s'approprier au mieux les paysages de ce petit morceau d'Auvergne qui, d'Issoire à Riom, s'étale largement ou parfois se serre le long de son «fleuve», l'Allier ? Est-ce en venant de l'ouest, dévalant l'abrupt de la faille de Limagne pour rejoindre Clermont en contrebas ? On pourrait alors s'émerveiller, à la suite de Chateaubriand, de la position de la ville-capitale, «une des plus belles du monde», dans son demi-cercle de montagnes, avec la Limagne s'étendant aux pieds de sa butte ! Est-ce plutôt au cœur du «Marais», entre Riom et Ennezat par exemple, «là où on a la plus belle vue d'ensemble de la ligne occidentale des Dômes et de l'échine rigide des Bois-Noirs...», comme l'écrit Pierre Bonnaud ? Ne serait-ce pas en fait du sommet du puy Saint-Romain, au-dessus de Saint-Maurice-ès-Allier, d'où l'œil conquérant s'empare de la Comté arborée, des buttes volcaniques de la Limagne du sud... et du ruban argenté de l'Allier ? A bien y réfléchir, aucun lieu ne répond vraiment à cette demande d'un observateur pressé. Ici, il lui faudra aller partout pour constater la diversité des terroirs, appréhender le courant de vie qui, depuis des siècles, se répand dans la plaine, s'accroche à ses vieilles buttes volcaniques, s'agrippe encore à ses marges cristallines et aux plateaux qui les dominent. Mais avant de partir sur les chemins de ce pays de cocagne, conduisant vers des vallons d'Arcadie... juste quelques mots, quelques images... pour mieux en profiter peut-être.

*En montant au puy Pylère, vue sur le village de Chauriat et les nombreuses buttes de la Limagne. Au fond, la chaîne des Puys. -HM-*

Champs de Limagne où subsistent des noyers solitaires. -CG/PE/LUTRA-

LE CLIMAT DE LA LIMAGNE : DES CHIFFRES SURPRENANTS. Même si la Limagne, par l'intermédiaire de Clermont-Ferrand, occupe régulièrement le devant de l'actualité météorologique en détenant l'espace d'une journée le record de la température estivale la plus élevée et, à l'inverse, celui de la température hivernale la plus basse, on ne peut considérer son climat comme strictement continental.
Toutefois, les 18 °C moyens de juillet et les 3 °C moyens de janvier lui confèrent une ambiance relativement continentale, assez originale sur le territoire français. Plus surprenants encore, les chiffres des précipitations annuelles pourraient presque nous faire croire qu'elle «jouit» d'un climat sec. Avec 600 mm à Clermont-Ferrand, 660 mm à Issoire, par exemple, on est loin des 850 mm d'Orange et des 900 mm de Sainte-Maxime et Nice, trois localités bien connues pour être soumises au climat méditerranéen !
Seule une répartition différente -plus uniforme- des précipitations au cours de l'année permet à la Limagne de revendiquer cette appellation de pays de cocagne que nous lui donnons ici. Une appellation que le sommet du puy de Dôme, distant de quelques kilomètres seulement de Clermont-Ferrand, lui envie sûrement avec ses 1 600 mm de pluie par an...



## Au cœur : la Limagne

Déjà, les chroniques du 6e siècle font une solide réputation à la plaine limagnaise, vantant sa fertilité mais aussi le raffinement de ses paysages. Quinze siècles plus tard ou presque, le même constat peut être fait.

### • Au nord, les ondulations d'un grand champ

La fertilité des terres noires plantureuses, à l'est d'une ligne joignant Clermont à Riom, est toujours d'actualité. Elle a créé les conditions au développement d'une puissante agriculture céréalière qui, dans les années 70, possédait, par exemple, le parc de tracteurs par exploitation sinon le plus important du moins le plus moderne du territoire français : la production, en particulier, de maïs-semence, sous l'impulsion de la coopérative Limagrain (l'un des premiers semenciers mondiaux actuels), a largement contribué à la prospérité de nombreuses exploitations. Aujourd'hui, on cultive toujours le maïs, le blé, l'orge, mais aussi le tournesol, l'échalote, l'oignon... la pomme de terre de semence, les pois fourragers, les haricots verts, le tabac, etc. Il semble que rien ne soit refusé aux exploitants de la Limagne du nord de Clermont, d'autant qu'on y poursuit – au sud aussi d'ailleurs – l'installation d'un réseau d'irrigation permettant de compléter les apports des précipitations naturelles qui restent relativement faibles (voir «Le climat de la Limagne» ci-contre). Pour autant, cette mise en valeur intensive de l'espace n'engendre aucune monotonie dans le paysage. Même au nord de Riom, là où le relief est le moins marqué, l'œil suit jusqu'à l'horizon d'amples et douces ondulations, s'arrête sur une dernière ligne de noyers, le clocher d'un village aux maisons toujours serrées les unes contre les autres, une des innombrables croix en pierre de Volvic, dressées au bord des larges chemins du remembrement, à leur carrefour...

Cet immense champ, modèle d'ordre, théâtre d'une agriculture dont la productivité ferait pâlir plus d'un capitaine de la grande industrie, déploie ses terres labourables jusqu'aux premières pentes de la frange des coteaux calcaires qui le bordent à l'ouest, isole un lopin de vignes – vestige d'un vieux terroir viticole –, grignote patiemment, année après année, d'anciens vergers ou les abandonne à des lotissements bâtis pour accueillir ceux qui voulaient fuir la ville (Clermont, Riom), mais qui, en fait, ne font que l'étendre un peu plus. Leur rêve campagnard se perd dans l'entrelacs des haies de thuyas et se réduit à un petit potager, un massif de rosiers, un forsythia, un chêne rouge d'Amérique...

Malgré ses débordements urbains, et même avec son agriculture qui ne souffre pas une parcelle de moins de deux hectares, qui a en horreur l'arbre et la haie, la ligne courbe... la Limagne du nord se doit d'être parcourue. Ne serait-ce que pour constater ce qu'elle est devenue, pour les images du passé qu'elle nous réserve encore : le cours boisé – pour combien de temps ? – de la Morge, ancienne rivière à truites, qui la traverse d'ouest en est, ses villages mariant sur leurs murs la pierre de Volvic et la terre crue, ses pigeonniers dressés au sommet de pilotis en bois, ses villes : Riom, bastide noire abritée sous la terre cuite rouge de ses tuiles romanes, Châtel-Guyon, cité thermale enfin fière de ses hôtels et de ses villas Art déco et Art nouveau, et Clermont-Ferrand, capitale de l'Auvergne, du Massif central – peut-être –, enlacée autour de sa butte, prolongée vers le ciel par sa cathédrale gothique et sa basilique romane (Notre-Dame-du-Port)...

## • Au sud, une armée de buttes et de plateaux sous une cuirasse volcanique

Panorama aux environs de Saint-Babel. -MA-

Clermont-Ferrand et les deux flèches de la cathédrale. -CG/PE/LUTRA-

**LES PÉPÉRITES** sont des roches contenant d'abondants petits granules de lave noire, comparables à des grains de poivre, d'où leur nom (poivre : peperino en italien, du latin piper), cimentés par une matrice d'origine sédimentaire, généralement marneuse, qui peut renfermer aussi de petits fragments anguleux de lave et de calcaire ou de marne.
La formation des pépérites est due au fait qu'en période de repos, les cratères des volcans se remplissent d'eau, formant un lac sur le fond duquel se déposent des sédiments. Quand le volcan se «réveille», lors de la phase éruptive suivante, le magma basaltique visqueux ascendant rencontre ce niveau aquifère, ce qui provoque de violents dégagements explosifs des gaz contenus dans le magma. Les explosions dispersent la lave en granules arrondis, pulvérisent les sédiments lacustres, brassent le tout pour en faire un ensemble mi-fluide, mi-solide, projeté en l'air puis consolidé après être retombé et compacté au sol, comme les autres scories volcaniques.

Suite du texte p. 14

*Vignes et tonnes près de Combronde. -HM-*

Déjà, aux portes nord de Clermont-Ferrand, les plateaux de Châteaugay et des Côtes de Clermont annoncent le paysage si typique de la Limagne du sud : une profusion de hauteurs dominant une plaine.

-HM-

Qu'il s'agisse d'un modeste pointement (Anzelle) ou déjà d'une petite montagne (Saint-Sandoux), isolés au cœur des terres labourables, d'un enchaînement de collines (de Dallet à Billom), d'un massif (la Comté), de tables impeccablement horizontales (plateau de Gergovie, de la Serre...), tous sans exception sont hérités d'un volcanisme ancien, bien antérieur aux dernières éruptions de la chaîne des Puys, et d'un phénomène d'érosion différentielle, déblayant préférentiellement les matériaux les moins résistants – les sédiments ici – pour ne conserver que les plus durs : cuirasse basaltique des plateaux, orgues prismées et remplissage pépéritique (voir page 13 et ci-contre «Les pépérites») des cheminées des anciens volcans.

*Sur les pentes de ces reliefs vigoureux ou émoussés, immense drapé volcano-sédimentaire largement exposé au soleil, venant se fondre dans la plaine en de souples ondulations couvertes aujourd'hui d'une mer de céréales blondes en juillet, la vie s'est fixée très tôt. Chacune ou presque porte son village et aucune n'échappa à la monoculture de la vigne quand, au milieu du 19e siècle, le Puy-de-Dôme devint, avec la ruine du vignoble du Midi, l'un des tout premiers départements français producteurs de vin (3e rang en 1855).*

Mais ici aussi le phylloxéra, suivi d'autres événements (carnage humain de la Première Guerre mondiale, reconstitution du vignoble du Midi avec ses productions bon marché...), mettra fin inéluctablement à l'âge d'or du vignoble auvergnat, et l'océan de vignes qui couvrait encore, au début du 20e siècle, les pentes et la plaine, se réduit à des lopins entretenus avec passion par des agriculteurs retraités, même si quelques exploitants, propriétaires de plusieurs hectares, s'engagent aujourd'hui résolument dans la production et la commercialisation du V.D.Q.S., appellation Côtes d'Auvergne,

***LA VIGNE** marque de son sceau tous les pays qui l'accueillent, elle y réussit avec une vigueur toujours étonnante. Et d'ailleurs, aucun sol ne la rebute. Même là où elle a disparu à la suite de la crise prodigieuse qui suivit l'extension des chemins de fer, elle a laissé des marques indélébiles sur son passage. La maison du vigneron s'y reconnaît encore, une maison haute, la cave avec son porche énorme, à la mesure des foudres qu'on y introduit pour la conservation du vin [...].*
F. BRAUDEL

**Suite du texte de la p. 13**

*En raison de leur hétérogénéité, les pépérites sont peu résistantes à l'érosion ; aussi faut-il, pour que l'on puisse encore les observer, qu'elles aient été protégées par un niveau de lave compacte. Celle-ci peut se former quand toute l'eau présente a été vaporisée. La phase explosive cesse alors et le magma peut enfin parvenir visqueux jusqu'à la surface où il s'épanche en un lac ou une coulée qui va chapeauter les pépérites. C'est le cas par exemple à Gergovie, où une coulée basaltique provenant, ici, d'un autre volcan voisin est venue recouvrir les pépérites du puy Mardoux.* J.-J. PÉRICHAUD

en attendant l'A.O.C. réclamée à l'Institut national des Appellations d'origine (I.N.A.O.). Cette véritable épopée que constitua la culture de la vigne marque encore de nos jours les paysages de la Limagne du sud. Sur ses pentes les plus accidentées, «interdites» à l'agriculture moderne, se lisent toujours les murets des anciennes terrasses, les «palhas», qui adoucissent le relief, et retiennent la terre ; se dressent encore, sous leur toiture de tuiles canal, les tonnes des vignerons, qu'on observe aussi d'ailleurs au beau milieu des champs de céréales, plus bas dans la pente ou dans la plaine ; retrouvant parfois, après leur vocation viticole, celle de parcours à moutons – abandonnée totalement aujourd'hui – surpâturées, elles sont devenues un fragile paradis pour une flore subméditerranéenne (voir la PR «Les Coteaux de Cournon» page 73) qui passionne les botanistes et charmera le promeneur, y découvrant en juin des pelouses fleuries par l'hélianthème des Apennins, l'astragale de Montpellier, etc.

La maison du vigneron, tassée contre celle de ses voisins, doit répondre aux besoins de son activité. De type bloc en hauteur, elle présente un escalier extérieur conduisant à un balcon, protégé par l'avancée du toit. Au rez-de-chaussée s'ouvre souvent une large porte en plein cintre donnant sur le cuvage. A côté de ce modèle classique et modeste, s'élèveront, à la fin du XIXe siècle et au tout début de celui-ci, des superbes maisons abritées sous des toits à quatre pans, accrochant à leur façade des balcons en fer forgé, comme à Aubière. -PE-

L'habitat ancien, enfin, est profondément marqué par la culture de la vigne (voir photo ci-contre, à droite).

Que l'on contemple son habitat, ses espaces cultivés, ses friches..., ensemble ou individuellement, ces éléments du paysage nous renvoient sans cesse à l'ancienne activité viticole.

## Au-dessus de la plaine : une ceinture verte

De part et d'autre du grand bassin d'effondrement de la Limagne, où se concentre toute la vie ou presque (densités de population les plus fortes, carrefours des grandes voies de communication, sièges des principales activités industrielles : pharmaceutiques à Riom, caoutchouc à Clermont, métallurgiques à Issoire, pour n'évoquer que les plus emblématiques), s'élèvent les murailles cristallines des horsts qui le dominent (plateaux livradois à l'est, des Dômes à l'ouest, sans oublier le morceau de socle cristallin de Saint-Yvoine, séparant la Limagne du sud de Clermont de celle d'Issoire). Là, les chemins qui s'élèvent le long de ces pentes

L'Allier au pied de Saint-Yvoine. -MA-

éventrées par des gorges s'abritent sous une forêt quasi continue. A l'ouest, par exemple, elle court du nord du plateau de la Serre jusqu'au-delà de Riom.

*Ferme du Livradois. -AG-*

Mais il n'en fut pas toujours ainsi, car, par-delà les vieilles châtaigneraies, aujourd'hui abandonnées, qui, de Ceyrat à Volvic, trouvaient ici les sols légers et acides propices à leur développement, on devine le long des sentiers, d'anciennes prairies mangées par les genêts, la fougère aigle... Que vous soyez sur les marges occidentales ou orientales, c'est de toute façon sur des espaces ensauvagés – suite logique de l'abandon des anciens territoires agricoles – que vous évoluerez.

La situation est en revanche plus contrastée du point de vue de la présence humaine. La population s'est maintenue dans les villages de la bordure occidentale, si proches des villes de la plaine (Clermont-Ferrand, Riom, Châtelguyon), et les villes-banlieues chics (Royat-Chamalières) poussent leurs constructions à l'assaut du miroir de faille, au débouché des gorges (voir la PR «Le Chemin des Écoliers» page 33)... A l'est, le constat est plus préoccupant, alarmant même : le Livradois, aujourd'hui loin de tout, voit sa population fondre comme neige au soleil. C'est aussi le cas pour les plateaux qui prolongent cette ceinture verte des rebords dominant la Limagne. Sur les terrains cristallins du pays Biran – la racine, «ber» ou «bere», signifiant «plaine inculte» ou «non cultivée», c'est tout dire –, de Paugnat au sud à Charbonnières et Blot au nord, ceux de la région de Fohet, du plateau d'Esteil (Livradois), vous rencontrerez les derniers agriculteurs, élevant un troupeau mixte (lait-viande – la seconde production devient d'ailleurs prépondérante –) sur des surfaces de plus en plus grandes : on loue, plus qu'on achète, la terre à ceux qui prennent leur retraite et qui, dans la majorité des cas, n'ont pas de successeurs.

*L'abbatiale Saint-Austremoine, à Issoire, est un des édifices majeurs de l'Auvergne romane, à laquelle s'ajoutent Notre-Dame-du-Port, Saint-Nectaire, Orcival et Saint-Saturnin. Ces églises sont généralement de taille modeste. Mais leur structure, leurs proportions, la rigueur de leur plan leur confèrent une harmonie parfaite, caractéristique en Auvergne. On dénombre plus de 250 monuments tout ou en partie romans dans le Puy-de-Dôme, et nombreux sont ceux qui se dévoileront, chemin faisant. -PE/LUTRA-*

Dans dix ans, que seront devenus leurs villages compacts, comme ceux des coteaux de Limagne, alignant la grange-étable et la maison d'habitation dans un même axe, quelquefois sous une même toiture à deux pans ? Et les chemins qui nous y conduisent s'abriteront-ils toujours derrière la haie du bocage ou seront-ils enveloppés dans la nuit des plantations de conifères, nous privant définitivement «des horizons de gaze, d'aquarelle, de grandes vacances...» dont Alexandre Vialatte gardait le souvenir, portant son regard tout autour de Clermont-Ferrand, Riom ou Issoire ?

*La Région clermontoise forme un cadre naturel exceptionnel par la beauté et la variété des paysages présentés. La qualité de ces panoramas est due à la diversité des reliefs qui ont été lentement modelés tout au long des temps géologiques, en fonction de la nature des roches et de l'âge de leur formation. Cette évolution géo-morphologique peut être schématisée en trois périodes successives correspondant à la mise en place de trois types de roches différentes.*

# DES PAYSAGES PATIEMMENT FAÇONNÉS

Jean-Jacques PÉRICHAUD

## LE SOCLE CRISTALLIN

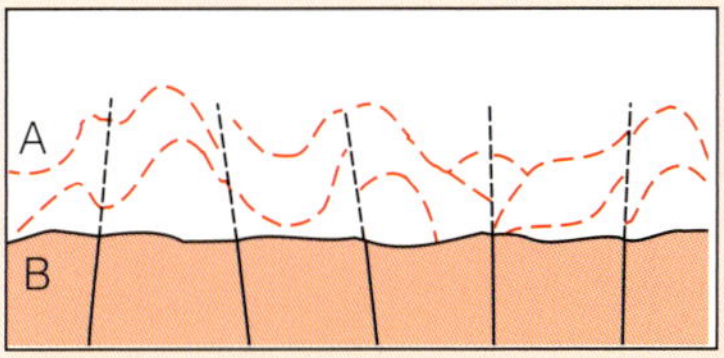


**A - La phase orogénique.** Au Primaire, de - 400 à - 280 Ma (1) s'érige, dans toute l'Europe, une puissante chaîne montagneuse constituée de roches cristallines (granitiques et métamorphiques).

**B - La phase érosive.** Au Secondaire, de - 280 à - 50 Ma, une longue érosion de la chaîne hercynienne transforme la région en une vaste pénéplaine, un socle cristallin à peu près tabulaire.

(1) : Ma : million(s) d'années

## LES BASSINS SÉDIMENTAIRES

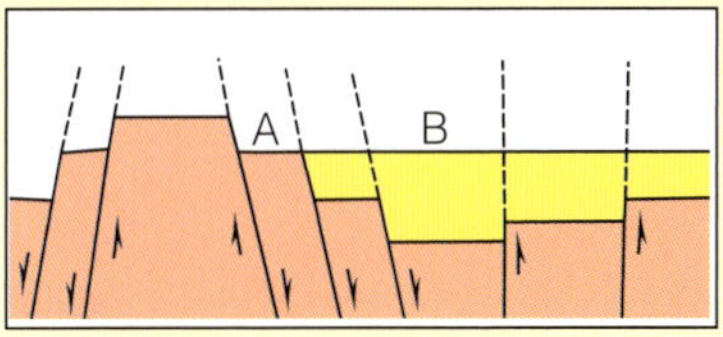


**A - La phase tectonique.** Au Tertiaire, de - 35 à - 20 Ma, la chaîne alpine, qui s'érige à proximité, exerce des pressions très fortes sur le vieux socle cristallin. Très rigide, celui-ci se casse en de multiples compartiments qui se déplacent les uns par rapport aux autres : certains remontent, d'autres s'affaissent.

**B - La phase de sédimentation.** Les compartiments abaissés forment des cuvettes, d'abord remplies par les ruisseaux qui apportent des sédiments lacustres provenant de l'érosion du socle alentour. Certains bassins sédimentaires, notamment dans le Livradois, n'évoluent plus, alors que, l'effondrement tectonique se poursuivant, le bassin de la Limagne continue de s'enfoncer, s'élargit et entre en contact avec la mer qui, à l'époque, recouvrait le Bassin parisien au nord. Les sédiments qui s'y accumulent alors ont un caractère marin. Dans la région de Clermont, l'enfoncement du socle dépasse les 1 500 m.

## LES ÉDIFICES VOLCANIQUES

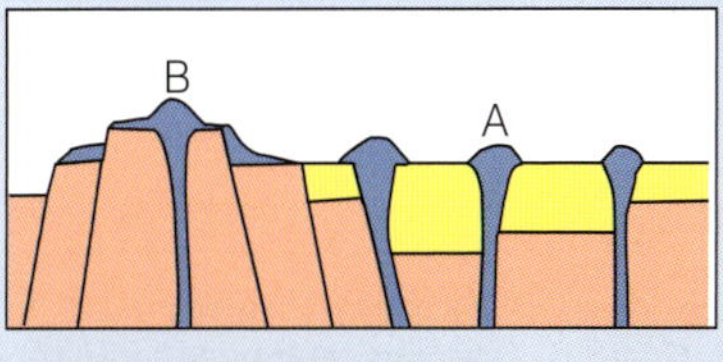


**A - Les buttes de Limagne.** Au Miocène, de - 20 à - 5 Ma, à la faveur des failles toujours actives qui traversent le socle cristallin et les bassins sédimentaires, du magma volcanique atteint la surface et forme une première génération de volcans. Ceux-ci sont principalement situés dans la Limagne au sud de Clermont-Ferrand, quelques autres apparaissent aussi sur le plateau cristallin à l'ouest. Certaines de ces buttes de Limagne sont des édifices pépéritiques (voir encadré pages 13 et 14 «Les pépérites»).

**B - La chaîne des Puys.** Au Quaternaire, de - 0,8 à - 0,06 Ma, des volcans s'alignent selon une série de fractures, sur le socle cristallin, quelques kilomètres à l'ouest du grand effondrement de Limagne. Des coulées de lave issues de certains de ces volcans se sont épanchées jusque dans le bassin sédimentaire de Limagne, où elles forment, par inversion du relief, le plateau sommital basaltique de buttes calcaires amarrées plus ou moins perpendiculairement à la grande faille de Limagne ou à proximité (ex. : Les Côtes de Clermont, Gergovie, le plateau de la Serre).

# Esquisse géologique de la Région clermontoise

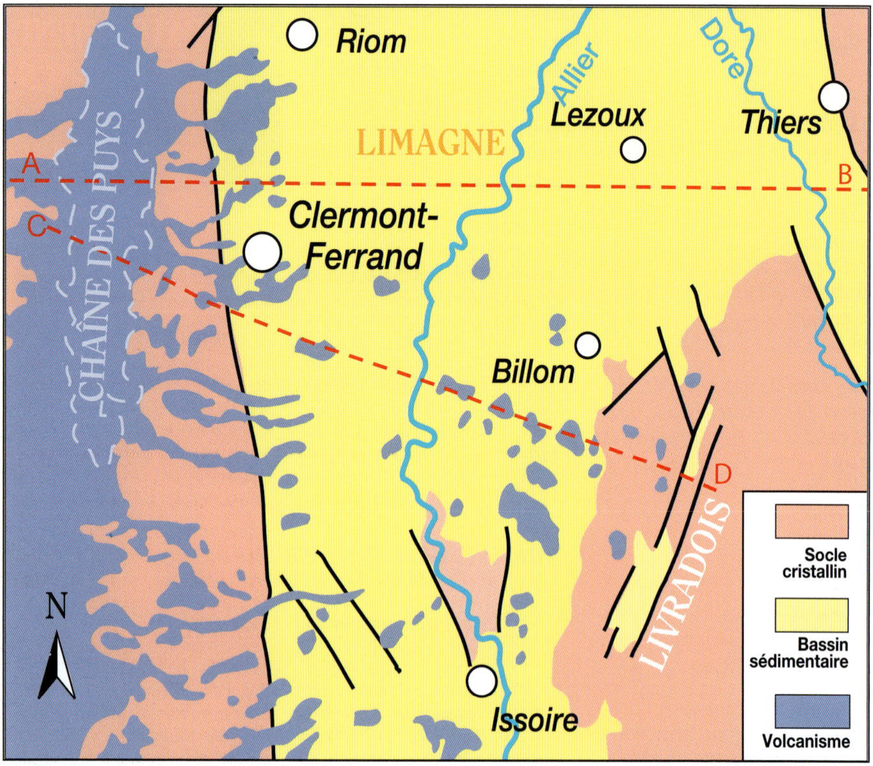


## L'ÉROSION



**Si l'évolution géodynamique de la région illustrée ci-dessus permet de comprendre les grandes lignes des paysages actuels, pour expliquer plus en détail le façonnage final des reliefs, nous devons tenir compte d'un certain nombre de facteurs naturels qui conditionnent l'érosion, donc la touche finale portée au décor.**

*Dès qu'une chaîne montagneuse s'érige, le vent, l'eau, le gel, la glace vont conjuguer leurs efforts, en permanence, pour la démanteler jusqu'à arasement total (ex. : pénéplanisation du socle cristallin primaire). Les effets sont principalement mécaniques : rabotage, infiltration, désagrégation et déblaiement des produits érodés ; parfois chimiques par dissolution des éléments solubles, comme le calcaire.*

*Si l'érosion ne s'arrête jamais, son action n'est pas uniforme dans le temps. Le climat intervient, pluies et vents varient selon les régions et les saisons. Ainsi, il y a 15 000 ans les parties hautes du Massif central furent recouvertes d'une épaisse calotte glaciaire. Au début du Tertiaire, c'est un climat tropical à saisons sèches dominantes qui régna sur la région.*

*L'érosion varie encore en fonction du relief. Quand les chaînes montagneuses sont jeunes avec des profils aigus (ex. : les Alpes actuelles), les eaux qui en descendent sont tumultueuses, agressives ; leur ardeur se calme au fur et à mesure que les reliefs s'atténuent. Les roches les plus anciennes subissent une érosion plus longue dans le temps, elles sont donc les plus affectées. La pénéplanisation du socle cristallin, qui s'est poursuivie pendant plus de 130 Ma, a décapé plus de 1 000 m d'épaisseur de roches cristallines. Les sédiments de Limagne les plus anciens n'ont subi l'érosion que pendant 20 Ma, mais n'en ont pas moins été décapés sur plus de 300 m de hauteur, ce qui implique une action érosive au moins deux fois plus rapide que sur le socle. Cela signifie que chaque roche a une aptitude propre pour résister à l'érosion.*

***Les roches cristallines** sont assez résistantes. Les schisteuses sont plus fragiles que les grenues. Elles s'altèrent généralement en une*

Coupe géologique (A-B) de la carte ci-contre

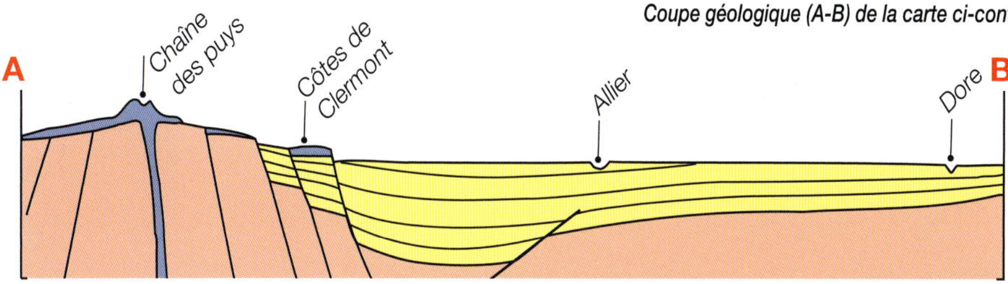


*arène grossièrement sableuse, beige à brune. Celle-ci, déblayée par les eaux et transportée à faible distance, après dépôt et compaction, donnera les fameuses arkoses de Limagne (voir page 63).*

***Les roches sédimentaires** sont parmi les plus fragiles du fait de la diversité des éléments qui les constituent : sable, argile, calcaire..., de leur stratification en lits superposés de dureté différente facilement clivables et, également, de la plus grande solubilité des parties calcaires. Moins cohérentes que les roches cristallines, elles sont donc démantelées plus rapidement par l'érosion.*

***Les roches volcaniques.** Elles sont très hétérogènes quant à leur aspect et leur résistance à l'érosion. Les plus massives et les plus résistantes de toutes, parce que très finement cristallisées en une pâte très homogène, sont les coulées de lave basaltiques ou andésitiques. Les plus fragiles, parce que non cimentées, sont les cendres ou les scories empilées pour former les cônes des cratères nombreux dans la chaîne des Puys.*

Coupe géologique (C-D) de la carte ci-contre.

***LA LIMAGNE.** A côté des reliefs altiers de la chaîne des Puys qui barrent l'horizon à l'ouest, la Limagne offre un paysage plat de bassin déprimé, limité, à l'ouest, par l'énorme marche d'escalier que dessine la grande faille bordière de Clermont-Ferrand et, à l'est, par le même décrochement formé par la grande faille de Thiers.*

*Il suffit de gravir les pentes de Riom à Volvic, de Clermont-Ferrand à La Baraque, de Ceyrat à Berzet ou de Pont-de-Dore à La Monnerie pour sentir l'importante différence d'altitude liée, d'une part, à l'enfoncement du bassin de Limagne et, d'autre part, à la différence de résistance à l'érosion des solides épaulements de roches cristallines par rapport aux fragiles roches sédimentaires de la plaine arasée.*

*Ce paysage serait trop monotone s'il n'était pas égayé çà et là par quelques pointements souvent agrémentés de vestiges architecturaux. Rares, pour ne pas dire inexistants au nord, où la plaine est largement ouverte vers le Bassin parisien, ces reliefs sont abondants au sud de Clermont-Ferrand. Ils envahissent l'espace au point de faire perdre la notion de plaine, d'autant plus que la présence du socle cristallin du Livradois à l'est réduit considérablement la largeur de ce bassin d'effondrement.*

*Ces reliefs sont de deux types :*

***Les plateaux** dus à d'anciennes coulées volcaniques qui, ayant protégé de l'érosion les sédiments sous-jacents, restent en saillie par inversion du relief (voir p. 67) ;*

***Les buttes** liées à un volcanisme pépéritique à large cheminée circulaire dont les matériaux (la pépérite, les filons ou coulées basaltiques qui lui sont associés et les renforcent) sont sensiblement plus résistants à l'érosion que les roches marno-calcaires encaissantes, d'où ces bombements circulaires, parfois assez discrets.*

*Il faut bien admettre enfin que, sans le volcanisme qui a conduit à la formation de ces plateaux de Limagne, la vie et vraisemblablement l'humeur des habitants de cette région en eussent été changées. Leurs flancs sud, bien exposés au soleil, protégés des frimas du nord, constituent des coteaux au sol calcaro-sableux léger, aéré, favorables à l'élevage de la vigne. Sans volcanisme, point de Châteaugay, point de Chanturgue, de Corent ou de Boudes plus au sud ; pourtant le puy Chopine n'y est pour rien !*

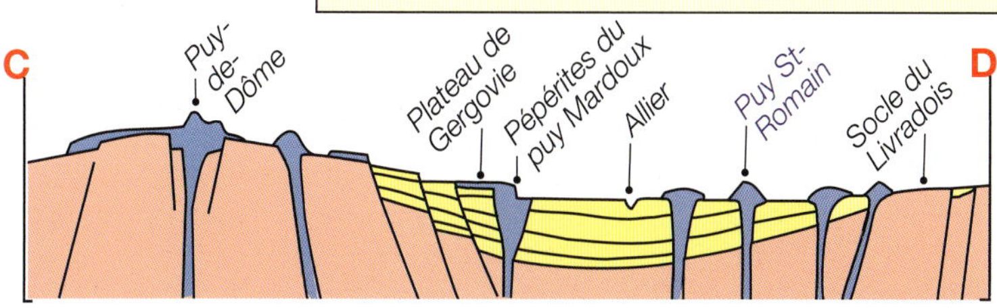

*Sur les pas du Colporteur,*
*près de Tournoël. -HM-*

# ES MOTS EN CHEMIN

*On pourrait croire que tous les départs
se ressemblent :
une ville mouvante et bruyante,
toute agitée de moteurs, d'ascenseurs
s'étirant vers la plaine, s'étirant vers le ciel.*

*IL marche.
Sous le premier pas, le goudron ;
pas qui grimpe, s'accélère.
IL sent la terre ;
pas qui fuit, s'essoufle mais toujours s'élève,
aspiré par la forêt, sombre,
par l'horizon tout rond,
les courbes bleues,
l'air et sa griserie.*

*Maintenant, plus rien ne l'arrête.
IL a quitté la ville.
IL est libre et tout est rencontre :
cette odeur,
signe subtil d'une saison
qui s'avance,
cet arbre en plein ciel, en pleine terre,
et cet insecte sur la pierre,
immobiles l'un et l'autre,
infimes traces de l'immensité du monde.
IL s'arrête. IL comprend.
IL marche encore,
mais doucement pour prolonger cette vision
cueillie sur le plateau de cailloux et d'herbes rases.*

*Puis IL redescend.
Des jardins enchevêtrés, des maisons habitées,
déjà la ville s'illumine.
La nuit a glissé sur la colline, évanouie.
Le pas sur le goudron résonne.
Le pas a ramené L'HOMME.
Mais L'HOMME du départ n'est plus : c'est un autre
qui, déjà, s'avance vers un nouveau départ.*

**Hélène BERGER**

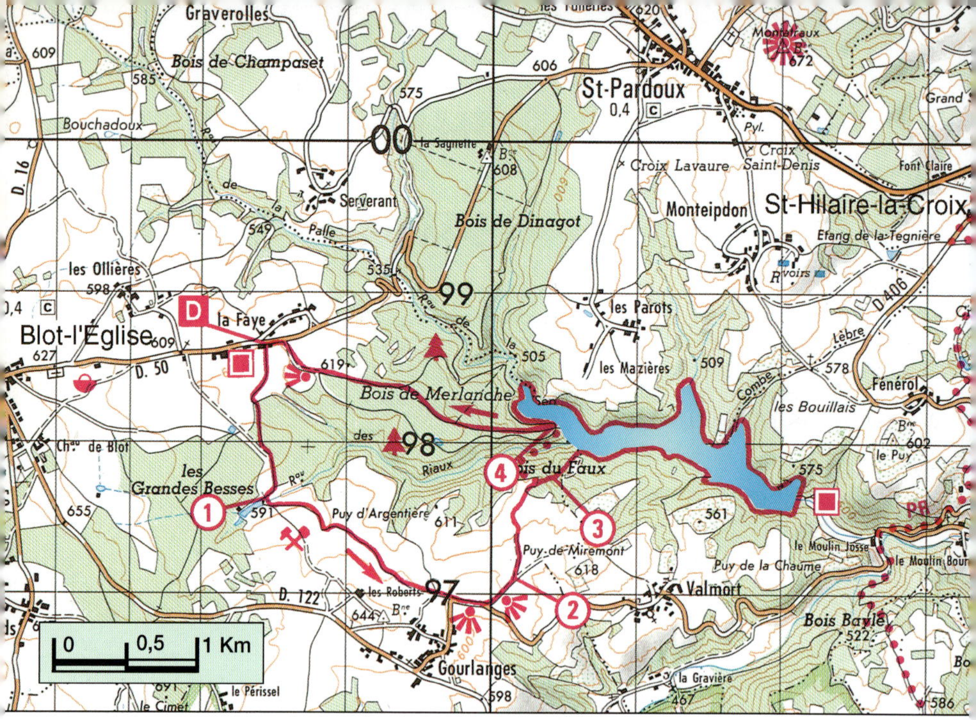


**D** A La Faye, sur la D 50 allant de Blot-l'Église à Saint-Pardoux. Descendre par le chemin entre les maisons. A l'intersection avec un large chemin, emprunter celui-ci sur la gauche et le suivre jusqu'à un étang. **1** Passer sur le déversoir et, à la fourche, bifurquer sur la gauche. Continuer tout droit en laissant des chemins à droite et à gauche. Rejoindre la route. La prendre tout droit sur 200 m environ et tourner dans le chemin à gauche. **2** A la fourche, 250 m plus loin, bifurquer à gauche. Le chemin descend à gauche et pénètre en sous-bois. **3** Faire le tour du barrage en continuant à descendre par ce chemin, puis en suivant les chemins au plus près de la retenue d'eau Après avoir contourné une des extrémités du barrage, monter à droite dans les bois **(variante : dans la descente, à un très léger replat, prendre une sente à gauche peu visible, qui descend rapidement jusqu'au ruisseau des Riaux. Le traverser, puis, tout de suite après, prendre un chemin à droite qui surplombe le ruisseau. On atteint le bord de la retenue d'eau. Le chemin monte ensuite sur la gauche et rejoint le point 4. Durée : 2 h, distance : 7 km).** **4** Au carrefour, prendre le chemin du milieu qui grimpe tout droit dans le bois. Dans la clairière, laisser le grand chemin sur la droite et monter tout droit par un petit chemin qui traverse le bois et mène jusqu'à la route. La prendre à gauche et rejoindre 100 m après le point de départ.

*L'église de Saint-Hilaire-la-Croix adossée à l'ancien prieuré fortifié possède de très beaux chapiteaux et un portail remarquable, dignes des églises romanes majeures d'Auvergne. -MS-*

LE BARRAGE DU SEP. Situé sur la Sep, un affluent de la Morge, ce barrage a été achevé en 1994, afin de soutenir l'étiage de la Morge, cette rivière qui permettra à terme d'irriguer les cultures des cantons d'Aigueperse, Combronde, Ennezat et l'est de Riom. La retenue, d'une longueur de 2 km, couvre 33 hectares. Le barrage est construit en béton compacté au rouleau, selon une technique récente permettant une mise en place rapide (trois mois et demi). D'une hauteur de 41 m et d'une longueur de 145 m, le barrage du Sep retient un maximum de 4,7 millions de m³ d'eau.

**_Au cœur d'un pays de bosquets, de collines et de haies, de gorges et d'étangs, cette balade vous emmènera au nord de l'espace couvert par ce topoguide, dans une région qui mérite une rencontre : les Combrailles._**

| |
|---|
| **3 h 45** |
| **balisage jaune** |
| **13 km** |
| **▼ 500 m - ▲ 620 m** |

PRAIRIES quadrillées de haies, traversées par un ruisseau et sa guirlande de joncs, petits bois essaimés au gré des vallons, le chemin s'enfonce dans un bocage apparemment anonyme. Plus loin, des chênes au port souverain ombrent la balade. D'autres, maintes fois élagués, se tordent dans les bouchures*. Dans les prés, les vaches charolaises évoquent le Bourbonnais. Mais quelques bouleaux, de rares murets de pierres sèches, des talus recouverts de callunes (improprement appelées bruyères) sont les tenants d'un pays plus froid.

Le regard, parfois, trouve un passage entre les moutonnements du relief et aperçoit un clocher, une ferme isolée ou un bois sombre. Puis, tout à coup, apparaît au sud le puy de Dôme, poste avancé de l'Auvergne des monts. Alors tout s'éclaire. Nous sommes en Combrailles, entre Sioule et Limagne.

Ici, prairies, terres cultivées et forêts se côtoient. Les premières se tiennent dans les pentes et au creux des vallons humides, tandis que leS champs colonisent les sommets des ondulations, plus ouverts et plus secs. La forêt, quant à elle, de chênes et de hêtres, s'est souvent réfugiée dans les gorges, difficilement accessibles.

C'est dans un de ces plis boisés du relief qu'a été construit le barrage du Sep (cf. encart). Le chemin longtemps trace les contours de la retenue d'eau, avant de s'obscurcir dans les plantations d'épicéas. Elles se sont multipliées dans la région depuis 1960. Mais une réglementation des boisements, sous forme d'arrêté pris par les communes, freine depuis quelque temps leur extension. Entre fougères et houx, le marcheur retrouve le hameau de La Faye, point de départ de ce circuit.

**Voir et savoir** ☼ entre **1** et **2**, vue sur le puy de Dôme et le nord de la chaîne des Puys, puis sur la Limagne et les Bois-Noirs • avant l'arrivée, vue sur Blot-l'Église et son château ▣ en **D**, entrave pour soulever les animaux de trait, les soigner et les ferrer • entre **3** et **4**, barrage du Sep ⚒ après **1**, anciennes mines gallo-romaines de plomb argentifère.

**Infos pratiques** ▲ entre **2** et **D**, bois de Merlanche huile de noix à Blot (cf. carnet d'adresses page 92).

**A proximité** ☼ du site de Montatraux à St-Pardoux, vue sur la Limagne, le Forez, la chaîne des Puys, le massif du Sancy et la vallée de la Sioule ✝ St-Hilaire-la-Croix et sa belle église romane classée ••• à proximité, PR de St-Hilaire-la-Croix au départ de Montcel, décrite dans le topoguide Chamina «Combrailles, Cher et Sioule» et autres PR du SMADC.

** Bouchure : terme local désignant les haies d'arbustes jalonnées par quelques arbres, «boucher» signifiant «clore».*

*Bien campée, élevant sur plusieurs niveaux des murs de granite bleu-gris surmontés d'un toit à deux pentes, la maison typique des Combrailles donne le ton de cette région. -HM-*

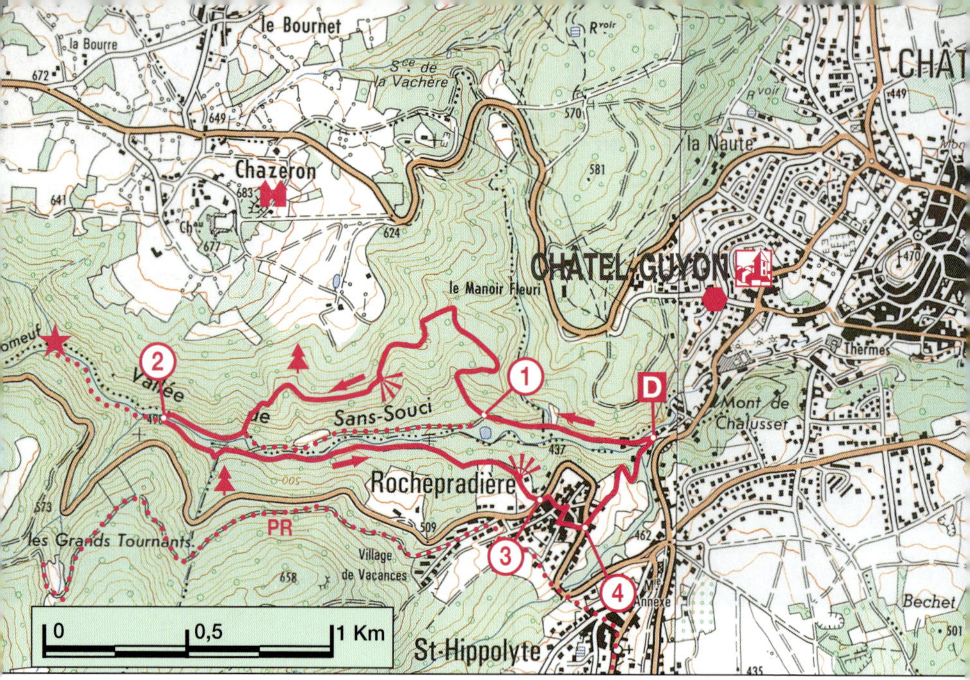


**D** De Châtel-Guyon, prendre la direction de Saint-Hippolyte. Se garer au bout de la route de la vallée du Sans-Souci (à droite dans la montée), près de la discothèque. Emprunter le chemin entre les deux bâtiments qui s'enfonce dans la vallée. **1** A la fourche près de l'étang, monter à droite. A la deuxième fourche, continuer à droite. Le chemin fait un lacet, puis suit une courbe de niveau et redescend. Il gagne en bas un autre sentier. Le suivre à droite. **2** Traverser le ruisseau sur la passerelle et redescendre à gauche le long du ruisseau par un chemin qui monte ensuite à Rochepradière **(hors circuit jusqu'à la cascade de l'Écureuil ; après la traversée du ruisseau, monter à droite le long du cours d'eau : 20 mn A/R).** **3** Traverser la route (D 227) et suivre la rue Traversière jusqu'à la place du Tilleul. Puis rejoindre à droite la place de la Fontaine. **4** Traverser de nouveau la D 227 et descendre en face la route de la vallée du Sans-Souci jusqu'au point de départ.

CHÂTEL-GUYON, autrefois petit village vigneron, est devenu une ville thermale réputée pour ses eaux à très haute teneur en magnésium (la plus élevée d'Europe : 1,54 g/litre). Elles proviennent de douze sources minérales, dont les températures varient de 18 à 37° C, et soignent plus particulièrement les maladies gastro-intestinales.

Il est probable que ces eaux furent utilisées à l'époque gallo-romaine. Mais c'est au 17e siècle que les sources, alors propriétés du marquis de Chazeron, reçoivent leurs premiers buveurs attestés.

Le thermalisme se développe progressivement jusqu'à la fin du 19e siècle et fait de Châtel-Guyon une importante station. Le théâtre, les Grands Thermes, puis le casino sont construits au cours des années 1900. Avec Vichy, Royat, La Bourboule, entre autres, Châtel-Guyon s'affirme aujourd'hui parmi les dix stations qui constituent l'Auvergne thermale.

*Châtel-Guyon et la Limagne. -HM-*

# LA VALLÉE DU SANS-SOUCI



## CHÂTEL-GUYON ■ LOUBEYRAT ■ CHARBONNIÈRES-LES-VARENNES

***Tout près de Châtel-Guyon et de ses eaux thermales, un cheminement au bord du ruisseau du Sardon, le long des pentes boisées d'une vallée où vous rencontrerez peut-être un amoureux des lieux qui vous contera la forêt.***

**1 h 45**

**balisage bleu**

**4 km**

**▼ 430 m - ▲ 550 m**

LA VALLÉE du Sans-Souci est une des nombreuses entailles qui jalonnent l'abrupt de la faille de Limagne.

Les bois qui recouvrent les deux versants de la vallée faisaient autrefois partie de la propriété de Chazeron. Au 16e siècle, ils furent cédés aux habitants de Rochepradière et devinrent des communaux (cf. encart). Ces forêts sont aujourd'hui gérées par l'O.N.F. mais, à Rochepradière, on vient encore ici ramasser son bois.

Une vallée comme celle-ci est un monde à part, fermé sur lui-même, penché sur le cours d'eau qui le traverse. Dans la vallée du Sans-Souci, il s'agit du Sardon. Il ira ensuite arroser Châtel-Guyon, puis se perdre dans les canaux et les rivières qui irriguent la plaine.

Le chemin le quitte très vite et grimpe sur la pente plus chaude où chênes et pins sylvestres se mêlent. De beaux cèdres se sont aussi faufilés dans les espaces libres. Ici et là, quelques trouées dans les branches offrent de belles vues sur le lointain. En poussant un peu le pas, le marcheur atteindra la cascade de l'Écureuil. On dit qu'un ermite vivait près d'ici au 19e siècle. Sur l'autre versant, des châtaigniers à l'écorce ondulante ou vrillée abritent le chemin. Plus loin, la présence parmi les arbres de noisetiers et d'aubépines révèle le jeune âge de la forêt qui a gagné sur les prairies d'autrefois.

*«Une vallée penchée sur son cours d'eau». -PE-*

«LES COMMUNAUX ne sont pas la terre de la commune, mais la terre commune aux habitants d'un ou de plusieurs villages d'une commune.
La terre commune est le résidu de la terre vague, celle qui n'appartenait à personne et dont jouissaient tous ceux qui, à l'intérieur d'un groupe donné (tribu, clan, famille élargie), pouvaient en avoir besoin.» Ainsi Pierre BONNAUD définit-il les communaux.
Ces derniers devinrent progressivement, avec l'individualisation de l'agriculture et son orientation vers le profit personnel, les résidus d'un espace où les meilleures terres étaient converties en propriétés privées. C'étaient, et ce sont encore, presque toujours des pacages, plus rarement des bois. Pour bénéficier de la terre, il faut *«une cheminée qui fume au pays»*, en d'autres mots, résider dans le village concerné.

**Voir et savoir** ★ cascade de l'Écureuil (hors circuit en **2**) ☼ entre **1** et **2**, vue sur le plateau de Gergovie puis sur Riom, la Limagne, le Livradois-Forez.

**Infos pratiques** ▲ circuit en zone boisée.

**A proximité** Châtel-Guyon : maisons brayaudes et vigneronnes, église et fresques de Nicolaï Greschny, Grands Thermes, casino du début du siècle ■ Chazeron (13e-14e siècles) ⬣ autres circuits pédestres autour de Châtel-Guyon : informations disponibles au syndicat d'initiative (cf. adresses page 92).

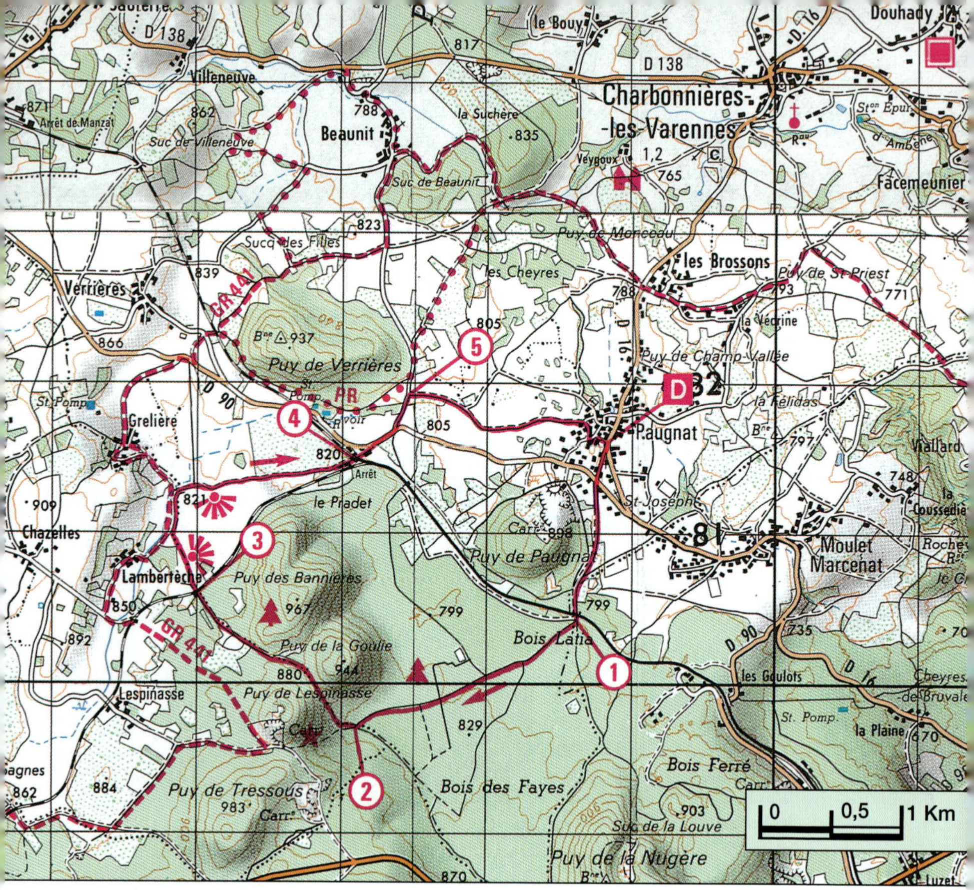




**D** Sur le parking de l'école, face à l'église de Paugnat. Prendre la rue du Varouset en direction des puys. Au carrefour, prendre à gauche, traverser la D 90 et emprunter en face un petit chemin goudronné au début. Continuer sur ce chemin jusqu'à une voie ferrée. **1** La traverser. A l'intersection à 3 branches, emprunter celle du milieu. A la fourche suivante, prendre à droite. Continuer tout droit sur le grand chemin. **2** Après un virage peu prononcé, à une patte-d'oie, monter sur le chemin de droite. Passé la première clairière, à la fourche, rester à droite. Continuer à descendre. A la patte-d'oie, dans une autre clairière, descendre à gauche jusqu'à la voie ferrée. **3** La traverser. Le chemin fait une large courbe à droite et rejoint la voie ferrée (tronçon en partie commun avec le GR 441). **4** La traverser à nouveau. Rejoindre tout droit la D 90. L'emprunter sur 300 m, puis s'engager à gauche sur une petite route. **5** Continuer par un bon chemin à droite. A la fourche, bifurquer à droite et rejoindre Paugnat.

*Cette région aux sols pauvres a suivi la même évolution que l'ensemble de la chaîne des Puys : la forêt qui occupait moins de 10 p. cent du territoire en 1827 couvre maintenant 50 p. cent des terres. Vue sur le puy des Bannières. -CT-*

# LE PUY DE PAUGNAT

3

## CHARBONNIÈRES-LES-VARENNES

***Le promeneur pénètre dans une cathédrale de feuilles et de fûts, où seuls les chants d'oiseaux rompent le silence et agrandissent l'espace. Puis, tout à coup, il découvre une vaste étendue semée de volcans. Au bout du chemin, il retrouve le village et ses hommes.***

| |
|---|
| **2 h 15** |
| **balisage jaune** |
| **9 km** |
| **▼ 800 m - ▲ 880 m** |

De Paugnat, un village où s'activaient les tailleurs de pierre à l'époque prospère de l'exploitation de la lave de Volvic (cf. page 28), l'itinéraire décrit une large boucle autour du puy qui prête son nom à la balade. C'est un volcan de type strombolien comme les puys de Pariou, de la Vache ou de Lassolas. Ces volcans ont donné naissance à des coulées de lave fluide de nature basaltique. Celles du puy de Paugnat se sont dirigées vers le nord-est, où se sont implantés les villages de Paugnat et Moulet-Marcenat.

Les édifices stromboliens ont une activité moyennement explosive ; ils expulsent des paquets de lave en fusion, de taille variée, qui retombent en périphérie du cratère et forment un cône. Selon la trajectoire de sa chute, la lave acquiert une texture et une forme variables. On distingue ainsi les bombes, gros blocs moulés par leur projection dans l'atmosphère et surnommés «larmes de volcan», des scories, plus petites, d'aspect plus tourmenté et contenant des bulles d'air. La couleur rouge de ces dernières s'explique par l'oxydation du fer contenu dans la lave au contact de l'air.

Ces scories sont exploitées sous le nom de pouzzolane et utilisées dans les travaux routiers, ainsi que pour l'épuration des eaux et la confection de parpaings d'agglomérés. Plusieurs carrières entaillent les cônes volcaniques dont une au puy de Paugnat, que vous pourrez apercevoir le long de l'itinéraire.

*Le chemin traversant la hêtraie. -CT-*

**Voir et savoir** ★ belle forêt de hêtres ❋ entre **3** et **4**, sur les puys de Verrières et des Bannières et sur la chaîne des Puys.

**Infos pratiques** ▲ entre **1** et **3**.

**A proximité** ✝ église St-Bonnet à Paugnat (11e siècle), statue de Ste-Agathe et reliquaires ■ à Douhady, ancienne maison forte Renaissance ▲▲ à Veygoux, château Desaix ●●● PR de la «Narse de Beaunit» (au départ de Beaunit) décrite dans le topoguide Chamina «Chaîne des Puys».

«QUE PEUT-ON CONNAÎTRE DU MONDE ? De notre naissance à notre mort, quelle quantité d'espace notre regard peut-il espérer balayer ? Combien de centimètres carrés de la planète Terre nos semelles auront-elles touchés ?
Parcourir le monde, le sillonner en tous sens, ce ne sera jamais qu'en connaître quelques arpents : minuscules incursions dans des vestiges désincarnés, frissons d'aventure, quêtes improbables figées dans un brouillard doucereux dont quelques détails nous resteront en mémoire [...]. Et avec eux, irréductible, immédiat et tangible, le sentiment de la concrétude du monde : quelque chose de clair, de plus proche de nous : le monde, non plus comme un parcours sans cesse à refaire, non pas comme une course sans fin, un défi sans cesse à relever, non pas comme le seul prétexte d'une accumulation désespérante, ni comme illusion d'une conquête, mais comme retrouvaille d'un sens, perception d'une écriture terrestre, d'une *géographie* dont nous avons oublié que nous sommes les auteurs.» Georges PÉREC, *Espèces d'espaces.*

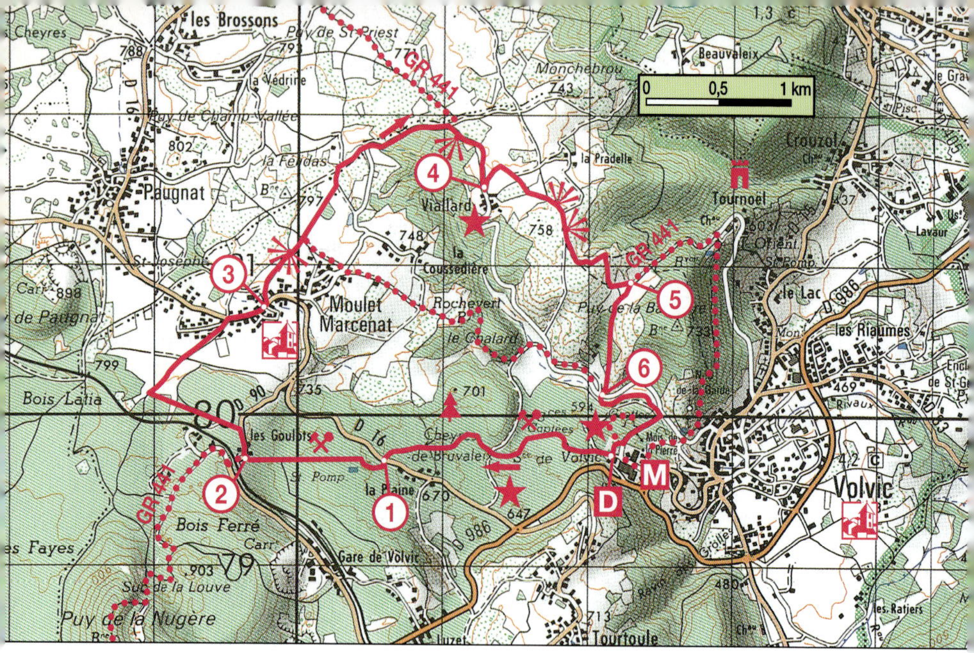


**D** Du parking aménagé de l'espace information de la socitété Volvic (galerie de captage du Goulet), après le chalet Rando-Volvic, prendre à gauche un chemin qui monte, en partie obstrué par une barrière (GR 441). A la première fourche, continuer à gauche. Prendre tout droit au carrefour suivant. Puis monter par le chemin principal jusqu'au croisement avec la route de La Plaine. **1** Traverser cette route et prendre en face un chemin qui vire ensuite à droite. Continuer à monter en laissant à gauche le chemin qui longe une station de pompage. Rester dans la même direction jusqu'à un croisement avec une route goudronnée (on quitte le GR 441). **2** Emprunter celle-ci à droite sur 200 m. Poursuivre par un bon chemin sur la gauche après le transformateur. A la première fourche, prendre à droite et continuer jusqu'à un carrefour où l'on emprunte le chemin de droite, qui devient goudronné ensuite. Entrer dans Moulet-Marcenat. Poursuivre à droite par la rue qui descend dans le bourg. **3** Au niveau d'une croix, monter à gauche et continuer tout droit **(raccourci : au carrefour suivant, prendre à droite, puis encore à droite la route sur 50 m. Emprunter le chemin à gauche qui rejoint le point 6. Longueur du circuit : 9 km ; durée : 2 h 25).** A un carrefour en X, descendre à droite un chemin qui se prolonge par une route goudronnée. La suivre jusqu'à l'entrée du hameau de Viallard (GR 441). **4** Avant la première maison, monter à gauche. A la première fourche, prendre à droite ; faire de même à la deuxième, en haut de la côte. Puis rester sur le chemin principal, en descente. **5** A la fourche dans la descente, bifurquer à droite, puis descendre par un chemin face au puy de Dôme. **6** Au carrefour avec une route goudronnée, poursuivre en face. A l'intersection suivante, prendre à droite une route qui ramène au parking de départ.



LA PIERRE DE VOLVIC est une andésite, issue des coulées de lave du puy de la Nugère. De grande résistance aux intempéries, de dureté intermédiaire entre le marbre et le granite, cette roche fut beaucoup utilisée dans la construction. Et cela à partir du 13e siècle quand les hommes surent fabriquer un acier de qualité suffisante pour permettre de la découper ; dès lors, sa couleur allant du gris clair au noir de fumée se substitua à celle, toute blonde, de l'arkose (cf. page 63). D'abord exploitée en galeries souterraines, elle fut rapidement extraite à ciel ouvert. Sa renommée dépassa très vite les frontières de la région et elle fut recherchée aussi bien par les particuliers que pour les travaux publics : conduites d'eau pour Paris, dallages, trottoirs... Vers 1880, on dénombrait 150 entreprises d'extraction et de taille de pierre, employant 1 500 ouvriers dont les deux tiers habitaient Volvic. Aujourd'hui, ils ne sont plus que quelques artisans à travailler la pierre. La lave exploitable se fait rare, mais les nouveaux débouchés tels que la lave émaillée semblent offrir un avenir prometteur.

*Émaillage sur lave. -ND-*

# LES SOURCES DE VOLVIC



***Longue montée par des chemins secrets, qui lentement s'éclairent et s'ouvrent sur la chaîne des Puys, le hameau de Moulet-Marcenat et le château de Tournoël, avant de replonger vers la fraîcheur d'une source au grand nom.***

**3 h 00**
**balisage jaune**
**11 km**
**▼ 573 m - ▲ 760 m**

PRÈS du parking, il est possible de voir couler à travers un hublot la source du Goulet. Elle débouche d'une galerie longue de 700 m, qui va puiser l'eau d'une rivière souterraine à 70 m de profondeur. Les environs de Volvic sont constitués d'épaisses couches de scories d'origine volcanique et de laves fissurées à travers lesquelles les eaux s'écoulent, se rassemblent dans les anciennes vallées du socle granitique que les coulées de lave ont comblées. L'eau ainsi filtrée est d'excellente qualité. Elle provient d'un bassin de réception très vaste, qui couvre environ 40 km$^2$.

Le chemin, dit «Chemin vieux», qui permettait aux diligences de relier Volvic au col de la Nugère, grimpe le long de la pente. Partout, des bouleaux à la silhouette cristalline figent l'hiver. Leurs feuilles tremblotantes font miroiter la lumière dans un bruit de pendeloques. De chaque côté, de profondes

**Voir et savoir** ☼ entre **3** et **4**, vue sur le puy de la Nugère, de Jumes, de Tunisset (carrières), de Louchadière et sur Moulet-Marcenat • avant **4**, sur les monts du Forez, le plateau de Gergovie, Montrognon, le puy Giroux, le puy de Dôme, le Sarcoui • entre **4** et **5**, sur le château de Tournoël, Riom et la plaine de la Limagne chantiers d'artisans tailleurs de pierre à Moulet-Marcenat ⚒ entre **D** et **2**, ancienne zone d'extraction de la pierre de Volvic ★ en **D**, source du Goulet (diaporama, expositions).

**Infos pratiques** ▲ entre **D** et **2**.

**A proximité** Volvic : maisons anciennes, église romane en arkose reconstruite en partie au 19e siècle en pierre de Volvic, musée Marcel Sahut Tournoël (12e - 14e siècles ; horaires d'ouverture page 92).

«vasques», d'où émerge parfois une grue vieillissante, témoignent de l'importance de l'extraction de la pierre de Volvic autrefois (cf. encart page 28).

Le regard cherche les puys dont on sent la présence : des scories qui craquent sous les pas, la végétation rustique, cette sensation de hauteur en sont autant de signes. Moulet-Marcenat et ses chantiers d'artisans tailleurs de pierre nous distraient de cette quête. Quand, tout à coup, à la sortie du village, ils apparaissent en un rempart barrant le sud. Sur le plateau tapissé d'arbres rabougris et de genêts, l'horizon recule jusqu'aux monts du Forez. Le puy de Dôme pointe son doigt vers le ciel. Et le chemin en piste d'envol s'élance. A ses pieds s'étale la Limagne et Riom, que surveille le château de Tournoël.

*Le château de Tournoël, que l'on peut apercevoir depuis le circuit, fut sans doute l'un des plus importants châteaux féodaux de basse Auvergne. HM-*

*La maison de la Pierre située dans une ancienne galerie, près du parking de départ, présente l'histoire de l'exploitation de la lave de Volvic et les techniques utilisées, ainsi que l'évolution de sa commercialisation et ses applications industrielles.*

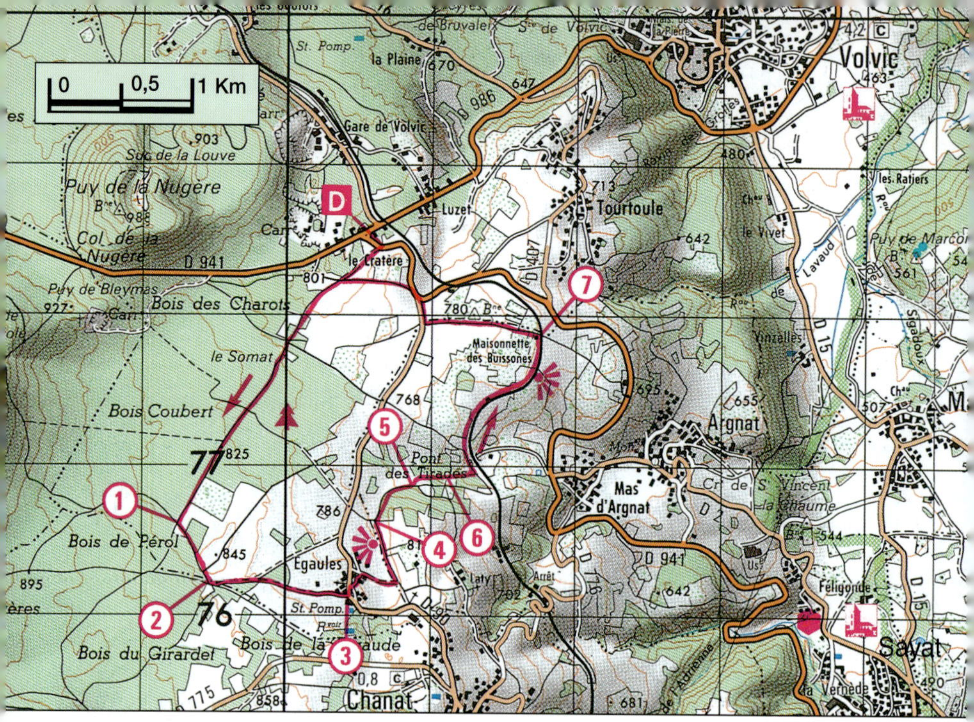


**D** Sur le terre-plein au bord de la D 941, 150 m avant le carrefour routier D 941-D 986 du lieu-dit «Le Cratère». Prendre le grand chemin et le suivre tout droit sur près de 2,5 km en laissant de nombreux chemins ou sentiers de part et d'autre. **1** Après avoir traversé un bois de résineux et longé des champs, à l'intersection avant d'entrer à nouveau dans les bois, prendre à gauche le grand chemin de pouzzolane bordé de taillis. Laisser un chemin à gauche. **2** On arrive à un grand carrefour ; prendre le chemin le plus à gauche le long d'une prairie clôturée. 300 m plus loin, à la fourche (petit bois de résineux), obliquer à droite et continuer jusqu'à Égaules. **3** A Égaules, emprunter à gauche la route sur 50 m, puis descendre à droite en face de l'ancien four à pain. Contourner une grande maison, puis prendre à droite le chemin goudronné au début. Au carrefour en T, prendre à gauche un chemin herbeux, dépasser une petite retenue d'eau. **4** **(Entre 4 et D, itinéraire commun avec le circuit balisé en jaune et point vert de l'association Le Grand Vert.)** Prendre le premier chemin à droite dès que l'on pénètre sous les arbres. **5** Attention, à hauteur d'une prairie en lanière, quitter le chemin, descendre à gauche, puis immédiatement à droite pour suivre un vieux chemin en contrebas de la prairie. **6** Dans un creux humide, prendre le chemin de gauche un peu boueux au départ. On débouche sur un grand chemin perpendiculaire, en contrebas de la voie ferrée. Tourner à gauche et longer la voie sur un bon kilomètre. **7** Le chemin tourne ensuite à gauche, perpendiculairement à la voie. Monter légèrement, puis redescendre vers la route de Chanat (D 90). Emprunter la route à droite sur 150 m. On rejoint une autre route (D 941). Prendre aussitôt à gauche un chemin qui monte dans la pouzzolane et redescend à un carrefour. Tourner à droite pour rejoindre le point de départ situé à 300 m.

**LE PUY CHOPINE.** Sa silhouette est bien particulière. Elle résulte de la superposition de deux appareils volcaniques d'âge et de nature différents *(d'après G. Camus et al, 1973)*. A l'origine, un large cône de scories basaltiques de type strombolien *(2)* forme le puy des Gouttes. Bien plus tard, une protrusion trachytique de type péléen *(3)*, légèrement excentrée par rapport au cône précédent, est montée pour former le puy Chopine comme un piston cylindrique rigide, porteur d'éléments de socle ramonés dans la cheminée *(4)*.

*Jean-Jacques PÉRICHAUD*

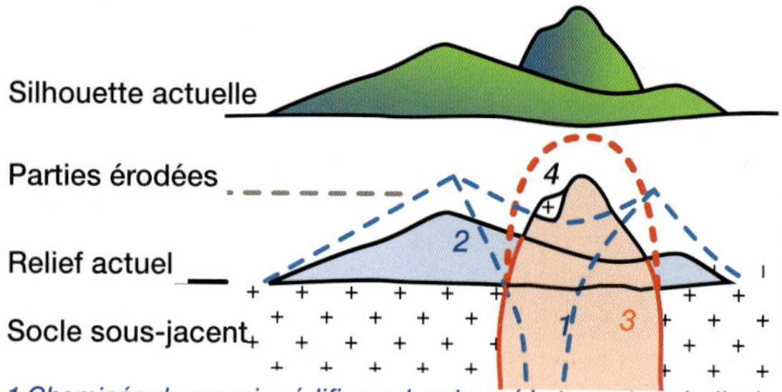


*1 Cheminée du premier édifice volcanique (de type strombolien).*
*2 Cône de scories basaltiques en partie érodé.*
*3 Protrusion rhyolitique (de type péléen) en partie érodée.*
*4 Élément de socle ramoné et remonté.*

# ÉGAULES



**_En bordure de faille, au pied des volcans, un itinéraire où alternent les bois, extrémités des coulées d'arbres qui dévalent des volcans, et les pâtures, éclaircies entretenues par l'activité rurale du hameau d'Égaules._**

**2 h 45**
**balisage jaune**
**8,5 km**
**▼ 724 m - ▲ 840 m**

L'ITINÉRAIRE débute par une longue ligne droite où le pas s'envole, porté par le plaisir de suivre une trace rectiligne en cette région au relief tourmenté. Prés, champs, bois de résineux assourdissent les sons ; le paysage pourrait être anonyme si, de proche en proche, ne surgissait un volcan. Passé le hameau d'Égaules, le chemin prend du recul et offre une vision d'ensemble sur cet espace rural cerné par les volcans du nord de la chaîne (cf. encart). En arc de cercle, ils confèrent au lieu une atmosphère protectrice.

Puis le sentier s'enfonce et se resserre dans un fouillis de végétation où l'agriculture s'efface. Cette zone de moyenne montagne (800 m), au climat peu favorable et relativement proche des centres urbains qui captent les actifs, connaît une forte déprise agricole.

Ici, comme sur d'autres itinéraires, la propagation des genêts et des ronces en témoigne. Et les exploitations, qui ne subsistent en partie que par la volonté de retraités, ne reflètent pas une véritable activité économique.

On débouche ensuite, sur les pentes glissant vers la Limagne. Longtemps, comme en équilibre, le circuit longe ce rebord qui surplombe la plaine cultivée et ses villes embrumées. Au bord du chemin, les rails du train à destination de Tulle semblent dessiner une frontière. Une vingtaine de trains passent ici chaque jour empruntant deux voies différentes, l'une en partance pour Bordeaux, l'autre pour Montluçon par le viaduc des Fades. Créée en 1881, cette voie ferrée est difficile et sinueuse. Pour franchir la barrière de la chaîne des Puys (500 m de dénivelée), elle grimpe lentement vers le nord-ouest par des rampes de plus de 2,5%. Puis l'obstacle dépassé au pied du puy de Louchadière, elle reprend son cours normal vers le sud-ouest. Desservant Royat puis le Mont-Dore et La Bourboule, c'est une ligne très touristique qui permet de prendre de la hauteur. «Le Thermal», train reliant Paris à Clermont-Ferrand, prolonge son voyage par ici, pendant l'été.

*Pâtures et volcans près d'Égaules. -CT-*

*Chemin faisant dans un paysage qui pourrait être anonyme si... -CT-*

**Voir et savoir** entre **3** et **4**, vue sur Égaules, les puys de Chaumont, Chopine, Jumes et Coquilles • entre **6** et **7**, sur la plaine de Limagne et les monts du Forez.

**Infos pratiques** entre **D** et **2** • entre **4** et **6**.

**A proximité** Sayat : église, fontaine, lavoir, 2 moulins • Volvic : cité de l'eau et de la pierre ⬢ autres circuits pédestres de l'association «Le Grand Vert» sur la commune de Sayat (informations en mairie).

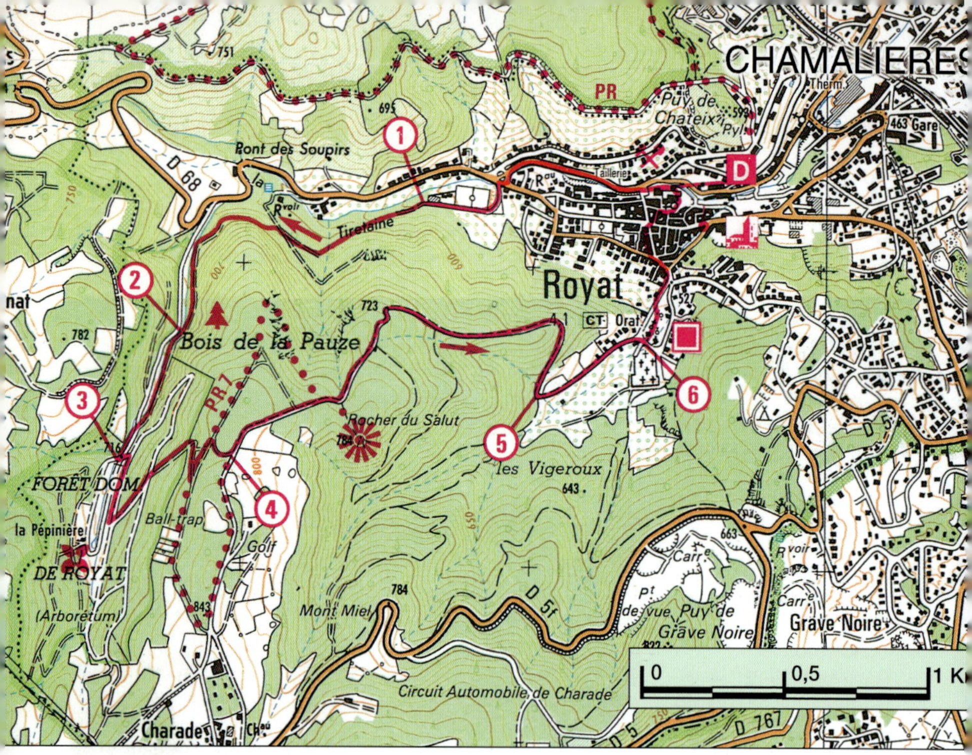


**D** Sur le parking de la grotte des Laveuses à Royat. Traverser le pont et passer devant la grotte. Gravir les escaliers et prendre tout droit la rue du Lavoir, puis monter sur le boulevard de la Taillerie. Après la taillerie, suivre à gauche le passage piéton qui longe la Tiretaine (rive gauche). Au carrefour, prendre sur la gauche en direction du complexe sportif et le longer. **1** A hauteur du terrain de basket, emprunter sur la gauche le chemin qui monte dans les bois. Il suit le ruisseau, puis s'en éloigne un peu. Traverser le pré en montant légèrement sur la droite. On rejoint dans le bois un sentier qui continue sur la droite. On rejoint ensuite un bon chemin montant sur la gauche. Le laisser et continuer tout droit. Au début de la descente, prendre une sente à gauche qui suit une courbe de niveau à l'aplomb du ruisseau, puis le rejoint ainsi que la route au niveau d'une plate-forme. **2** Monter par le chemin en face, sur la gauche du ruisseau (ou par la route parallèle au chemin) jusqu'à l'entrée de l'arboretum. **3** Prendre à gauche. Franchir la barrière d'accès à l'arboretum. 50 m plus haut, tourner à droite dans une grande allée, puis de nouveau à gauche à la fourche. Au carrefour, monter en face. Franchir la seconde barrière de l'arboretum. A la fourche après le lacet, monter à gauche. On rejoint un chemin, continuer tout droit sur 15 m, puis tourner à droite. On rejoint le golf de Charade. **4** Emprunter à gauche un large chemin qui redescend sur Royat **(hors circuit, à droite dans la descente, accès au rocher du Salut).** **5** Après une courbe à droite, à l'entrée du lotissement, suivre à gauche le chemin de la Pauze jusqu'au monument aux Morts. **6** Le traverser, contourner la chapelle, descendre par les escaliers et le chemin de la chapelle. Au carrefour, descendre à gauche par la rue Jean-Grand. Traverser la rue Nationale. Prendre en face la rue de l'Arcade et rejoindre la place de l'Église à droite. Contourner l'église par la droite et descendre les escaliers qui ramènent au parking.

*L'arboretum de Royat, géré par l'Office national des Forêts, occupe un territoire d'environ 40 hectares. -MA-*

# LE CHEMIN DES ÉCOLIERS

## ROYAT

6

POUR apprécier vraiment cet itinéraire, il faut partir du centre animé de Clermont-Ferrand et rejoindre la grotte des Laveuses. Là, vous trouverez le fil d'Ariane qui vous guidera : la Tiretaine, petite rivière impétueuse, qui prend sa source près de la Font de l'Arbre, non loin du puy de Dôme et va se perdre dans les souterrains de Clermont. Autrefois tourmentée par les papeteries, les tanneries, les moulins et les lavandières, elle n'est plus aujourd'hui fréquentée que par les promeneurs.

***Une partie de ce circuit a été créée à l'initiative du Conseil municipal des enfants de Royat (d'où le titre), pour relier la vieille ville à l'arboretum sans emprunter la route. Une heure de marche suffit pour s'éloigner de Clermont par cet itinéraire, où peu à peu, on s'enfonce dans les bois qui frangent la cité à l'ouest.***

| |
|---|
| **2 h 45** |
| **balisage jaune** |
| **9 km** |
| **▼ 500 m - ▲ 810 m** |

Tirez ce fil qui se déroule dans le dédale des rues de Royat, puis dans les jardins qui ceinturent la ville de leurs innombrables parcelles, amoureusement cultivées. Lorsque vient la forêt, le Vaucluse prend subrepticement le relais de la Tiretaine.

Et quand vos pas s'arrêtent à l'entrée de l'arboretum, vous ne savez plus combien de temps vous avez marché. Des arbres immenses aux noms évocateurs de l'Amérique lointaine vous le font oublier. Douglas, sapins du Colorado ou de Vancouver ont été plantés là, entre 1931 et 1952, afin que l'on étudie leur comportement en vue de diversifier les reboisements. Les résultats n'ont pas été ceux escomptés, mais l'arboretum de Royat reste un lieu de sérénité où il est agréable de flâner.

Lentement, le chemin s'en revient entre pins et châtaigniers, longeant le golf de Charade et offrant des échappées sur Clermont et les pentes boisées qui freinent l'extension de la ville à l'ouest.

**Voir et savoir** après **6**, église romane (11e-13e siècles) de Royat • croix des Apôtres (1486) sculptée dans la lave face à l'église · en **6**, monument aux Morts (site classé), réalisé par le sculpteur Raoul Mabru · entre **6** et **D**, vieux bourg de Royat, Thermes gallo-romains · en **D**, grotte des Laveuses dans la coulée basaltique du petit puy de Dôme · en **3**, arboretum de Royat · entre **D** et **1** taillerie de pierres fines.

**Infos pratiques** de **1** à **4**, bois de la Pauze.

**A proximité** panorama du rocher du Salut sur Clermont-Fd, la Limagne, les monts du Forez (hors circuit entre **4** et **5**) ••• à proximité PR du Paradis, du topoguide Chamina «Région clermontoise».

L'église Saint-Léger de Royat, priorale de l'abbaye de Mozac, a été construite à l'emplacement d'un monastère mérovingien. Fortifiée au 13e siècle, elle a été remaniée depuis, ainsi que les bâtiments du prieuré. La croix gothique, dite «Croix des Apôtres», placée près de l'église sur l'emplacement présumé de l'ancien cimetière, est classée «Monument historique». -HM-

# PROMENADE

*Des milliers de pas s'ordonnent*
*sur le sentier adopté.*
*Dans le pli des habits*
*se cachent les bruits d'en-bas...*
*les bruits de la ville.*

*Nous les avons emportés*
*pour les promener*
*dans la forêt.*
*Mais soudain*
*ils s'échappent*
*et aussitôt se querellent*
*avec la gent des bois.*
*Ils sont intraitables.*
*Les bruits des coteaux,*
*en grand nombre,*
*les attirent dans les fourrés,*
*les sapinières et les fossés*
*et l'on entend dans la futaie*
*un tambourinement croquer*
*un cliquetis,*
*un gazouillement*
*picorer un vrombrissement,*
*un babil grignoter*
*un bavardage*
*et bien d'autres clameurs*
*venant de clairières*
*et sous-bois voisins.*
*Seule la nuit tombante*
*sépare les adversaires,*
*et laisse une chouette*
*à dix heures*
*avaler les derniers*
*soubresauts*
*d'un carillon.*

*Des milliers de pas*
*s'abandonnent*
*sur le trottoir oublié*
*Dans le pli des esprits*
*se cachent les bruits d'en-haut*
*les bruits du coteau.*

*Nous les avons emportés*
*pour les promener dans la cité.*
*Mais soudain...*

# LE ROCHER DU SALUT

**ROYAT**

**7**

***Une petite balade à découvrir en famille. Elle nous emmène en compagnie des golfeurs de Charade au rocher du Salut, dominant l'agglomération, puis serpente dans un bois où des milliers de pas...***

| |
|---|
| **1 h 15** |
| **balisage bleu** |
| **3 km** |
| **▼ 780 m - ▲ 843 m** |

**Voir et savoir** ★ après **1**, rocher du Salut ☼ au départ, vue sur le puy de Dôme • entre **D** et **1**, sur Royat et le puy de Grave Noire • du rocher du Salut, panorama sur Clermont-Fd, la Limagne, le puy de Mur, d'Anzelle, les 2 turlurons, les monts du Forez ✿ entre **2** et **D**, accès possible à l'arboretum ⬢ avant l'arrivée, aire de pique-nique.

**Infos pratiques** ▲ circuit en zone boisée.

**A proximité** vieux bourg de Royat ★ circuit automobile de Charade.

**D** Sur le parking, 250 m après le village de Charade, en direction du golf, à gauche sur une plate-forme (attention : à droite, parking privé). Suivre le chemin qui longe le golf sur 1 km. Laisser un chemin sur la gauche et descendre **(tronçon commun avec la PR jaune «Le Chemin des Écoliers»)**. **1** Tourner à droite pour accéder au rocher du Salut. Revenir sur ses pas jusqu'au chemin. Remonter à gauche sur 20 m, puis prendre le sentier à droite qui suit une courbe de niveau.

**2** A un carrefour peu marqué en plein bois, monter à gauche et emprunter un bon chemin qui rejoint tout droit le parking de départ.

(Il existe une possibilité d'accès à l'arboretum par un chemin sur la droite.)

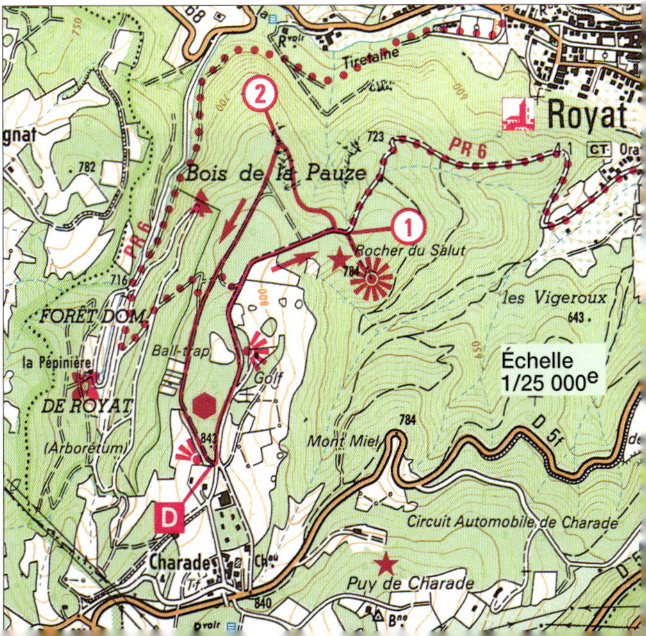


Texte et dessin:
S. et D. SCHREINER

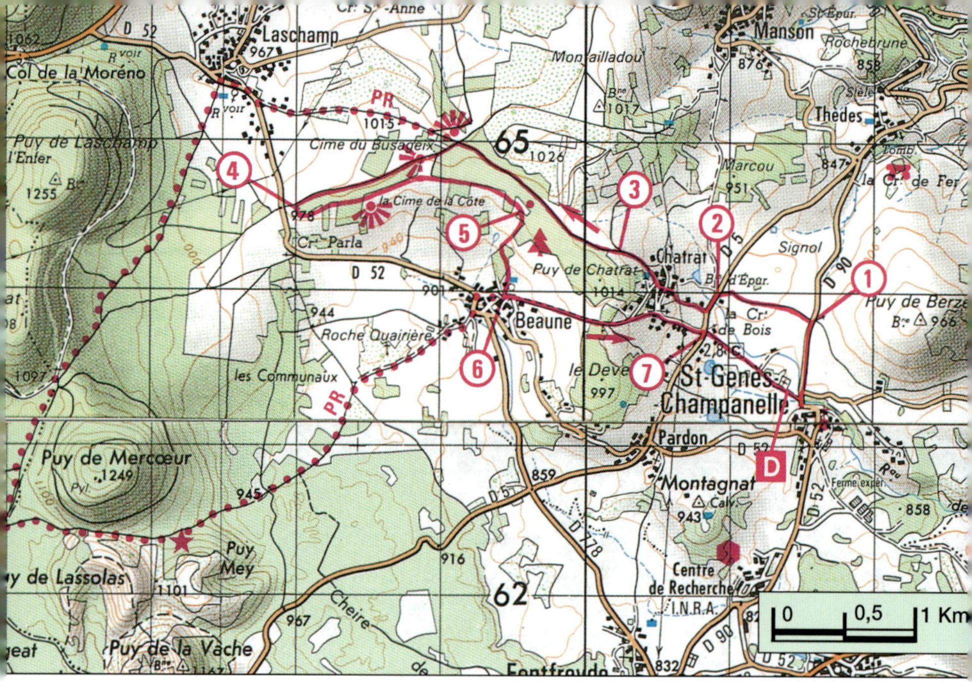


**D** Se garer à Saint-Genès-Champanelle, sur le parking du cimetière. Prendre la D 90 à gauche, direction Thèdes, et poursuivre jusqu'au niveau d'une croix à droite.

**1** Prendre alors le chemin à gauche et le suivre jusqu'à la route. **2** L'emprunter à gauche sur 150 m. Prendre le premier chemin à droite qui longe des maisons et entrer dans Chatrat. Continuer tout droit par la rue du Tralèze. Au carrefour en T (abreuvoir), tourner à droite et continuer pratiquement tout droit par un chemin signalé par un sens interdit. **3** Il s'élève en longeant la forêt. Au carrefour suivant **(on quitte la PR jaune du puy de Mercœur)**, tourner à gauche dans le bois, puis longer la plantation jusqu'à la route.

**4** Peu avant la route, continuer à gauche le long des arbres, puis longer de nouveau la plantation à gauche. Au bout de la plantation, continuer sur la droite, puis tout droit le long du bois. **5** Au carrefour en T, face à la forêt, descendre à droite jusqu'à Beaune **(de 5 à 6, tronçon commun avec la PR jaune du puy de Mercœur)**. **6** Passer en contrebas de l'église et remonter à gauche un chemin empierré qui conduit à Chatrat. Prendre la route sur la droite. **7** Au carrefour, traverser la route départementale et continuer tout droit par un chemin qui ramène à Saint-Genès.

*Entre bois obscurs et champs de lumière, le chemin hésite. -ND-*

**Voir et savoir** ☼ entre **3** et **4**, vue sur le puy de Dôme • puis sur le sud de la chaîne des Puys, le massif du Sancy • entre **4** et **5**, sur le massif du Sancy, le pays Coupé ♁ à St-Genès-Champanelle, église romane remaniée (commune de 2 600 ha qui comprend 12 «villages»).

**Infos pratiques** ▲ entre **3** et **6**.

**A proximité** ★ volcans jumeaux de la Vache et de Lassolas ⛩ menhir de Thèdes ⬢ ferme I.N.R.A. entre St-Genès-Champanelle et Theix • Montlosier, siège du Parc Naturel Régional des Volcans d'Auvergne.

# AUTOUR DE CHATRAT

## SAINT-GENÈS-CHAMPANELLE

8

DANS ce petit pays coincé entre la chaîne des Puys et les pentes boisées de la faille de Limagne, le paysage peine à s'affirmer. Cette terre rude et pauvre souffre de la proximité des villes et des volcans, les premières comme les seconds la détournant de ses racines rurales.
Tantôt, elle se couvre de landes à genêts et de buissons chargés de baies d'où déguerpissent des nuées d'oiseaux. Tantôt, elle déroule des allées de frênes cérémonieux ou des bosquets de hêtres opulents.
Puis la forêt s'avance, majestueuse. Les draperies des épicéas, des sapins s'animent au moindre mouvement de l'onde. Des arbres vénérables à la chevelure de druides ou de sorcières semblent avoir des choses à raconter. Et s'il vous vient quelque histoire en tête en traversant ces bois, ne vous étonnez pas.
Longtemps, le chemin navigue entre cette forêt insondable et ce puy de Dôme non moins énigmatique dont la traîne s'étale jusque sous vos pas. Rarement il n'apparaît aussi magnétique qu'ici.
Puis tout chavire au sud et le bois se fait plus chaleureux. Point d'arbres chevelus, mais d'élégants pins sylvestres qui portent toujours en eux un rayon de soleil. S'ils se mettaient à parler, ils auraient sûrement cet accent et ces gestes méridionaux. Le regard peut s'enfuir par-delà les entailles des Couzes et deviner ces crêtes du fond de l'Auvergne, les monts du Cantal.

***Il est des jours où l'on n'a pas envie d'aller très loin. Alors, pour se promener tranquillement avec des amis ou en famille, pour découvrir des paysages variés, et revenir comblé, on choisira ce parcours.***

**2 h 35**

**balisage jaune**

**9,5 km**

**▼ 870 m - ▲ 1 010 m**

LA MONTAGNE SACRÉE. «Il y a des montagnes qui sont tout simplement des montagnes, et il y en a d'autres qui possèdent une personnalité. La personnalité d'une montagne ne consiste pas uniquement en une forme singulière qui la différencie des autres, pas plus qu'un visage aux traits étranges ou des actions insolites ne donnent à un individu un caractère propre. La personnalité réside dans le pouvoir que possède un être d'exercer une influence sur autrui, et ce pouvoir provient de la stabilité, de l'harmonie et d'une orientation précise de la nature.
Un tel sommet exerce un pouvoir si grand et pourtant si subtil que de toutes parts, comme attirés par quelque aimant invisible, les gens vont à lui spontanément, tout vibrants de ce désir impérieux et inexplicable d'approcher ce centre de puissance sacrée.»*
Ainsi en est-il du puy de Dôme depuis l'âge celtique.

* Extrait du *Chemin des nuages blancs* de Lama Ana GOVINDA

*Ce territoire à l'est de la chaîne des Puys évolue vers un certain abandon rural. Le développement d'emplois administratifs (I.N.R.A. à Theix par exemple) contribue à le transformer en banlieue. La multiplication des habitations récentes en témoigne. Vue sur Laschamps et le puy de Dôme. -ND-*

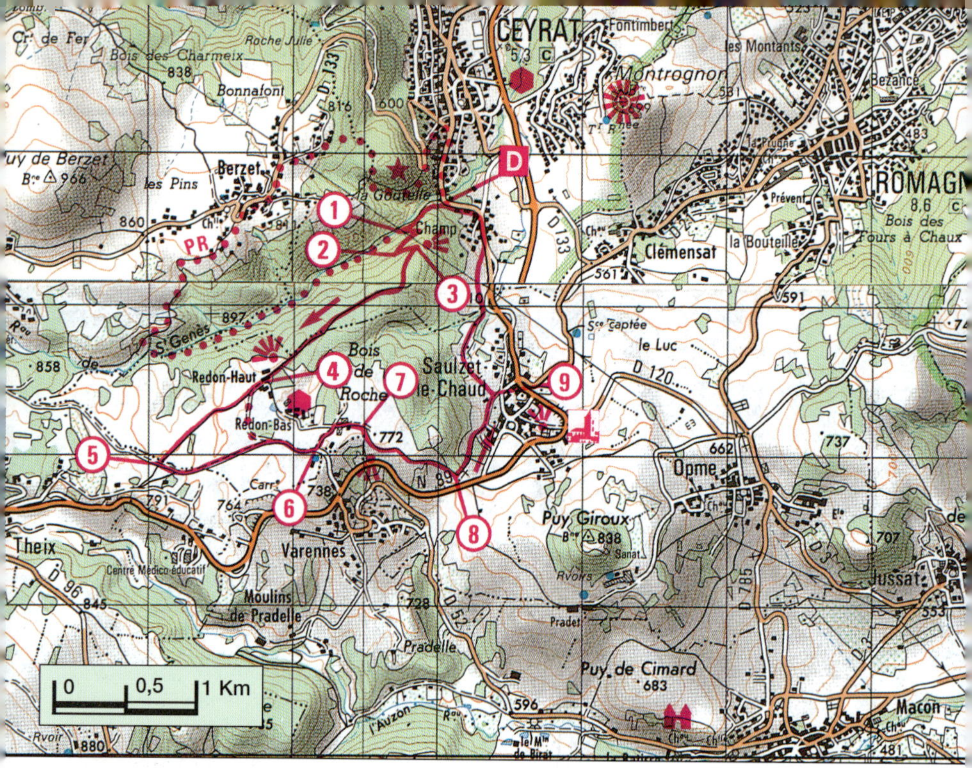


**D** Sur le parking des gorges, à la sortie de Ceyrat (direction Saulzet-le-Chaud). Monter le long du ruisseau en rive droite **(partie commune avec la PR bleue des Gorges de l'Artière du topoguide «Chaîne des Puys»)** jusqu'à une carrière de granulites. **1** Monter par le bon chemin à gauche, qui fait ensuite un lacet. **2** A une petite clairière, continuer à monter sur la gauche. Passer sous une ligne électrique. **3** A une intersection (face à Montrognon), monter sur la droite. Sortir du bois et traverser la ferme de Redon-Haut. **Tenir les chiens en laisse.**

**4** A la fourche, après la ferme **(raccourci : prendre à gauche et continuer tout droit jusqu'au point 6. Longueur du circuit**

**raccourci : 6 km, durée : 2 h 00),** continuer sur la droite et suivre ce chemin jusqu'au carrefour des «Quatre chemins». **5** Tourner à gauche. Longer les habitations. Laisser un chemin sur la gauche. **6** A l'intersection avec une route goudronnée, tourner à gauche. **Domaine de l'I.N.R.A. : passage autorisé, tenir les chiens en laisse.** Longer l'arrière d'un hangar, puis prendre à droite toujours le long du bâtiment. Franchir la barrière et refermer après être passé. Poursuivre tout droit. **7** Après un rocher, passer une barrière à droite. La refermer et descendre par le chemin. Au niveau d'un terre-plein, continuer à descendre sur la droite. **8** A la croix, à l'aplomb de la RN 89, prendre à gauche un sentier qui longe ensuite un mur. **9** Au croisement près du village de Saulzet, prendre à gauche. Le chemin mène tout droit à un espace aménagé. Avant celui-ci, tourner à gauche pour rejoindre la route, puis le parking à gauche.



LE CENTRE I.N.R.A. (Institut National de Recherche Agronomique) de Theix est l'un des plus importants parmi les 21 existant en France.
Il compte 770 agents dont 340 chercheurs et ingénieurs. Trois types d'animaux sont élevés au domaine de Redon : des brebis limousines, des vaches Aubrac, des cerfs.
Les ovins et les cervidés font l'objet d'une étude sur le maintien et l'entretien des prairies, afin de lutter contre la fermeture des paysages.
Les bovins, quant à eux, sont à la base d'une recherche sur les relations entre l'homme et l'animal. Comment maintenir un état d'apprivoisement minimum d'animaux ayant un contact peu fréquent avec l'homme en raison d'un élevage extensif ? C'est une des questions auxquelles les chercheurs de l'I.N.R.A. tentent de répondre.

# REDON

9

## CEYRAT ▪ ROMAGNAT

***Des marnes limagnaises au granite du socle ancien, de la gorge encaissée au plateau d'élevage expérimental, de la forêt à l'herbage, vous suivez le chemin ferré par où grimpaient les diligences sur une des anciennes voies de Clermont au Mont-Dore.***

**2 h 45**
**balisage jaune**
**8 km**
**▼ 575 m - ▲ 810 m**

C'EST le ruisseau de Saint-Genès qui trace le début de cette balade. Il dégringole depuis ce village dont il porte le nom, s'enfonçant davantage dans le granite, creusant ces gorges qui entaillent la faille bordière de Limagne. Les bois recouvrent les pentes : des châtaigniers, vestiges de la châtaigneraie de basse Auvergne, des chênes rouges coloriant l'automne, des pins sylvestres dégingandés, des hellébores majestueux, des scolopendres rampantes. Un pic cherchant des insectes fait résonner les sous-bois.

Pins sylvestres au départ de la balade. -PE-

Feuillages de chênes rouges à l'automne. -MA-

Le chemin s'élève lentement. Le grondement de la rivière s'efface et l'air en devient plus chaud. Quelques trouées dans le magma de verdure laissent apparaître Ceyrat, puis Berzet, et plus loin Montrognon, comme de brèves images d'un rêve sans suite. Une colonie de cèdres et d'épicéas se presse au bord du chemin et noie les pensées dans son silence profond.
Et subitement, le ciel s'ouvre. Un vaste plateau de pins solitaires, de prés et de fermes surprend le marcheur encore envahi par la forêt. Cette lente montée nous transporte à mille lieues de la ville, dans ce pays où brame le cerf et où les troupeaux de vaches et de moutons de la ferme expérimentale de l'I.N.R.A. font sonner les vallons (cf. encart).
Le sentier se pare de genêts et de genévriers, d'affleurements rocheux qui nous emmènent toujours plus loin vers le sud. Le neck de Montrognon, comme un phare, nous guide sur le chemin du retour vers la ville.



**Voir et savoir** ★ entre **D** et **1**, gorges de Ceyrat • rocher d'escalade ❊ en **3**, vue sur Montrognon et le plateau de Gergovie • avant **4**, sur Berzet et son puy (alt. 966 m), sur le puy de Dôme • après **7**, sur Varennes, la montagne de la Serre, le puy St-Sandoux ⛪ Saulzet-le-Chaud : église, croix, lavoir ⬣ entre **3** et **8**, domaine de l'I.N.R.A. Respectez animaux et installations.

**Infos pratiques** ▲ entre **D** et **3**, entre **8** et l'arrivée à Ceyrat.

**A proximité** ❊ panorama depuis la butte volcanique de Montrognon (ruines du 12e siècle) sur Clermont-Fd, la Limagne, le plateau de Gergovie, la chaîne des Puys • du cimetière de Saulzet, vue sur l'escarpement de la grande faille de Limagne ♜ château de La Batisse (18e siècle) à Chanonat ⬣ à proximité autres PR de la commune de Ceyrat (tracés disponibles à la mairie).

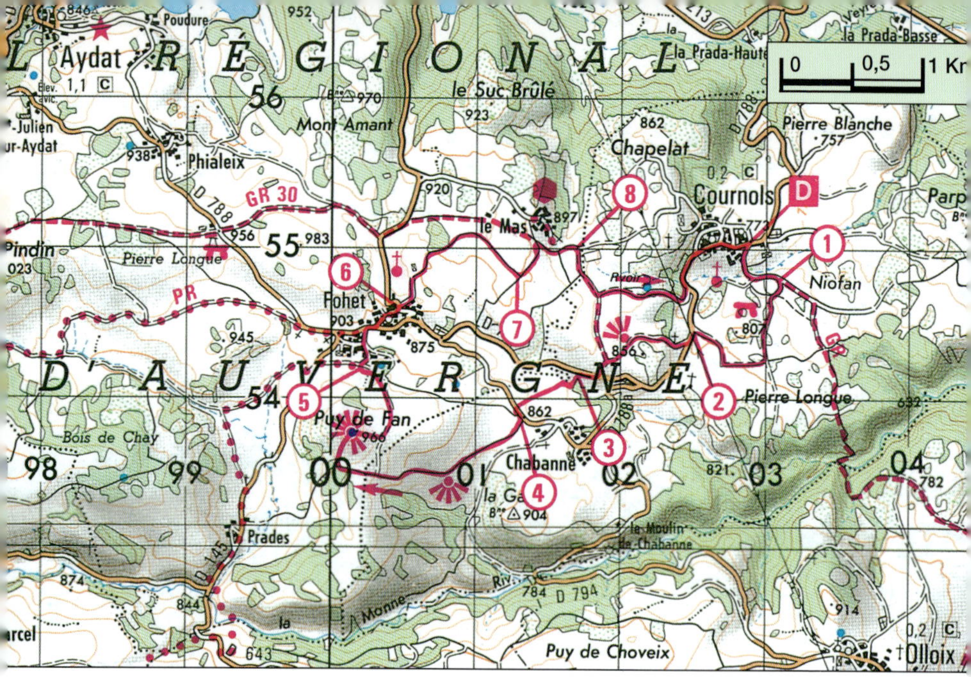


**D** Sur le parking à l'entrée de Cournols, près de l'école. Descendre la route face à l'école. **1** Monter par le premier chemin goudronné à droite en haut de la côte (GR 30) ; il passe non loin du dolmen. 100 m après celui-ci, tourner à droite et rejoindre la route après une courbe à droite. **2** La prendre à gauche, puis tourner à droite sur une petite route. Au carrefour en T, tourner à gauche (on quitte le GR 30) et rejoindre la route départementale (D 788). La suivre à droite. **3** Prendre le premier chemin à gauche dans le vallon, puis de suite un chemin à droite qui rejoint la route (D 794). Emprunter celle-ci à gauche. **4** Tourner à droite dans un bon chemin qui monte doucement. Après avoir longé une zone boisée, monter à droite jusqu'au sommet du puy de Fan (réservoir). Redescendre en face, puis tourner à gauche et continuer jusqu'à Fohet. **5** Passer à droite devant les maisons neuves et poursuivre par la D 145, en passant devant l'église **(tronçon commun avec la PR jaune de la Vallée de la Monne au départ de Fohet, décrite dans le topoguide «Chaîne des Puys»).** **6** Dans le virage en épingle de la route, monter à droite et sortir du village. Prendre deux fois à gauche aux deux fourches suivantes. Le chemin devient herbeux. **7** Au carrefour dans les prés, tourner à gauche en direction du hameau. Dans un virage avant de remonter sur Le Mas, descendre un sentier à droite (GR 30) **(hors circuit : Le Mas, 500 m A/R - 10 mn).** On rejoint un autre chemin ; le descendre à droite. Après un lacet, le chemin vire à gauche sous les arbres. Dans un léger virage à gauche, monter à droite par un sentier sur un affleurement rocheux et longer la clôture. On **8** On débouche sur une piste. La suivre à droite, puis tourner dans le premier chemin à gauche (on quitte le GR). Rejoindre la route et la prendre à gauche jusqu'à Cournols, que l'on traverse pour regagner le parking.



## LES MÉGALITHES D'AUVERGNE

**Plus de 85 mégalithes, constitués d'énormes blocs de pierre pesant jusqu'à plusieurs dizaines de tonnes, sont recensés dans la région. Il faut distinguer les menhirs, pierres levées, des dolmens, tables de pierre.**

**Le dolmen de Cournols est sans doute l'un des plus complexes et des plus impressionnants en Auvergne, bien qu'il ne soit pas complet, deux dalles sur les trois initiales ayant disparu. Ces assemblages de pierre servaient de sépultures aux populations.**

**Celui-ci était apparemment composé de plusieurs chambres précédées d'un vestibule non couvert. Des objets accompagnant les morts y ont été découverts.**

**-HM-**

# LES PIERRES LEVÉES

## COURNOLS ■ AYDAT

10

*Un bel itinéraire dans l'atmosphère minérale d'un plateau du Pays Coupé, où paissent de nombreux troupeaux. Il offre à tout moment des points de vue sur les monts d'Auvergne, comme depuis un balcon sur les environs.*

**3 h 00**
**balisage jaune**
**10 km**
**▼ 760 m - ▲ 966 m**

En venant de Saint-Amant-Tallende, à la sortie d'un virage, on découvre Cournols et son univers de pierres. Vaste étendue d'affleurements granitiques qui jonchent la lande. Le village respire à la fois la rudesse des massifs montagneux tout proches et la douceur des Limagnes aux accents méridionaux. Dès le départ, le regard porte au-delà du puy Saint-Romain et de ses frères de la Comté, pour aller se poser en face sur les crêtes du Forez. Très vite, on plonge dans le jardin de pierres et de genévriers où vaches et moutons se partagent la pelouse. Il reste encore une dizaine d'agriculteurs à Cournols, qui se consacrent à l'élevage. Plus loin, un dolmen se dresse, invitant à un voyage dans le temps (cf. encart). Le chemin arpente un relief qui ondule à l'infini, un peu comme une mer à l'écume de pierre figée dans l'instant.
Dans ce décor, longtemps on pourrait errer si les grands massifs, balises immuables, n'orientaient la marche. Et le silence étire encore l'espace... Un bois de pins vient à notre rencontre sur l'autre pente du puy de Fan. Ces conifères et quelques frênes sont les seuls arbres de ces étendues que préfèrent les genêts et les églantiers. Abrité des perturbations humides de l'ouest par les massifs volcaniques, ce morceau du Pays des Couzes est un lieu relativement sec.
A Fohet, de très belles fermes-bloc, où la partie habitation et la partie exploitation s'alignent, formant un seul bâtiment tout en longueur, annoncent l'ouest du département où ce type d'habitat est fréquent.

*Le village de Fohet. -MA-*

*Le genévrier est abondant par ici. Très rustique, cet arbuste aime la chaleur et la lumière. Son port est des plus variables, conférant à chacun une allure bien particulière. -CT-*

**Voir et savoir** ❊ entre **2** et **3**, vue sur le puy de Dôme • après **4**, sur la vallée de la Monne et le puy d'Olloix • du puy de Fan, sur le massif du Sancy (vallée de Chaudefour), le puy de Dôme, de la Vache et de Lassolas, la plaine de la Limagne, le Livradois, le Forez, le puy d'Olloix, les gorges de la Monne ⊓ entre **1** et **2**, dolmen de Cournols ✝ églises de Cournols et de Fohet (15e siècle) • de nombreuses croix posées sur les affleurements granitiques.

**A proximité** ★ lac d'Aydat ⊓ menhir relevé de Pierre-Longue à Fohet ⬢ au Mas (hors circuit après **7**), expositions d'objets d'art par l'association Empreintes.

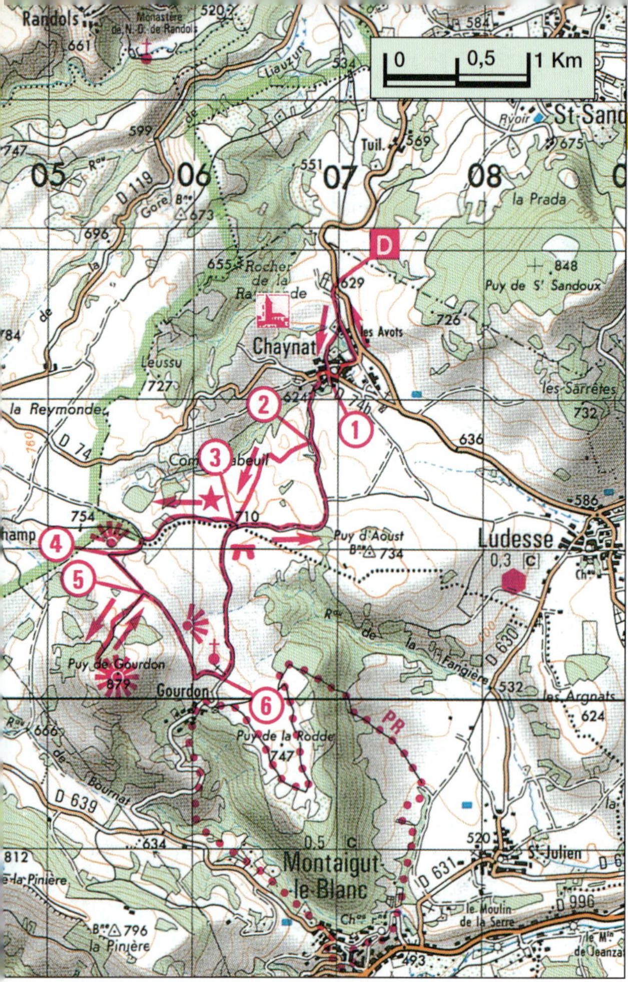

*Foire aux pommes à Ludesse, le deuxième dimanche d'octobre. -HM-*



**D** Sur le parking devant le cimetière de Chaynat, sur la D 28, entre Saint-Sandoux et Chaynat. Descendre par le chemin vers le village. A la fourche, continuer à droite, puis entrer dans Chaynat. **1** Prendre la route à droite dans le bourg. A la fontaine, obliquer à gauche entre les maisons et poursuivre par un chemin. **2** A la fourche, bifurquer à droite. Au carrefour en T, monter à gauche. On rejoint un bon chemin. **3** L'emprunter à droite sur 50 m, puis obliquer à droite. A la fourche suivante, continuer à gauche. **4** A l'embranchement suivant, tourner à gauche. **5** Prendre ensuite un chemin à droite qui monte au sommet du puy de Gourdon. Revenir par ce même chemin au point 5, puis continuer à droite. **6** On rejoint un bon chemin. Le prendre à gauche et rejoindre le point 3. Continuer à droite et rester sur ce chemin. Après un virage à gauche, au carrefour, descendre tout droit jusqu'à Chaynat (partie commune avec l'aller entre les points 2 et 1). On revient à la fontaine. Descendre dans le village en direction de Saint-Saturnin et passer devant le lavoir. Dans le virage à la sortie de Chaynat, prendre un chemin à gauche qui ramène au parking.

**Voir et savoir** ★ après **3**, le rocher du Diable en **4**, sur Olloix et son puy, le puy de Dôme, la montagne de La Serre, le plateau de Gergovie • du puy de Gourdon, sur le Cézalier, le massif du Sancy, la chaîne des Puys, le Forez, le Livradois • entre **5** et **6**, sur le Livradois et le Forez en **3**, menhir des Deux Territoires après **6**, «la Croix» Chaynat : tour, reste de l'ancienne enceinte, église romane.

**A proximité** monastère de Randols à proximité, PR du puy de la Rodde à Montaigut-le-Blanc, décrite dans le topoguide Chamina «Pays Coupé, Lembron et Couzes» menhir de la Pierre Fichade entre Ludesse et Champeix • foire aux pommes à Ludesse.

# LE PUY DE GOURDON

## LUDESSE ■ MONTAIGUT-LE-BLANC



***Est-ce les pins sylvestres, noueux et bossus, aux allures de vieux sages ; est-ce l'élément minéral qui émerge partout, au gré des ondulations de la terre, se mêlant aux bruyères et aux genévriers ; est-ce l'isolement de ces plateaux ; peut-être est-ce tout à la fois, subtile alchimie, qui confère à ces lieux cette étrange sérénité ?***

| |
|---|
| 3 h 30 |
| balisage jaune |
| 9,5 km |
| ▼ 511 m - ▲ 879 m |

Longtemps, la route s'élève vers l'ouest pour rejoindre Chaynat, s'éloignant toujours plus des Limagnes cultivées. Blotti dans un creux de ce grand plateau délimité par deux rivières : la Monne et la couze Chambon, le village semble bien solitaire.

Lieu de refuge, celui-ci dépendait probablement autrefois de la commanderie des Templiers d'Olloix. Une enceinte et des tours protégeaient les maisons d'habitation, l'église romane (remaniée plus tard) se tenant au cœur du quartier fortifié.

Mais le chemin nous éloigne bien vite du village. Les prés se glissent entre rochers et pins sylvestres, ces derniers colonisant peu à peu les pentes abandonnées par les cultures. En 1925, on signale déjà leur présence sur le versant est du puy de Gourdon. Très rustiques, ils s'accommodent des sols les plus ingrats. Leurs graines ailées emportées par le vent sur de grandes distances favorisent la dissémination.

Lentement, l'espace s'étire entre les monts Dore, la chaîne des Puys et les monts du Livradois et du Forez. Du puy de Gourdon, ces sommets semblent proches et lointains à la fois. Ce lieu perdu jette une lumière différente sur un relief mille fois observé. C'est un autre pays, un autre visage de l'Auvergne qui se révèle ici.

Chaynat et le puy de Gourdon sur fond de massif du Sancy. -MA-

Plus loin, inattendue, une petite croix se dresse au milieu d'un pré sur un affleurement rocheux. Les croix abondent par ici : croix de chemins, de places ou de ponts, croix de sommets, de cols ou de mégalithes ; la liste est longue et les occasions sont multiples d'en rencontrer une au hasard d'une balade. Comme c'est le cas en maints endroits du Massif central, ce riche petit patrimoine est souvent demeuré intact. Vaste conservatoire des traditions, l'Auvergne constituait, de plus, au Moyen Âge, l'un des principaux territoires de l'Ordre des Hospitaliers de Saint-Jean-de-Jérusalem.

Au bord du chemin, sur le talus, le menhir des Deux Territoires matérialise une frontière invisible entre les villages de Gourdon et Chaynat. Visibles de loin, les menhirs sont devenus au fil du temps un repère pratique sur ces vastes plateaux uniformes. Ils n'ont pas perdu leur mystère pour autant. Et si les conteurs se sont tus, leurs mots résonnent encore dans les têtes lorsque apparaît un menhir à l'horizon.

Le puy de Gourdon. -CT-

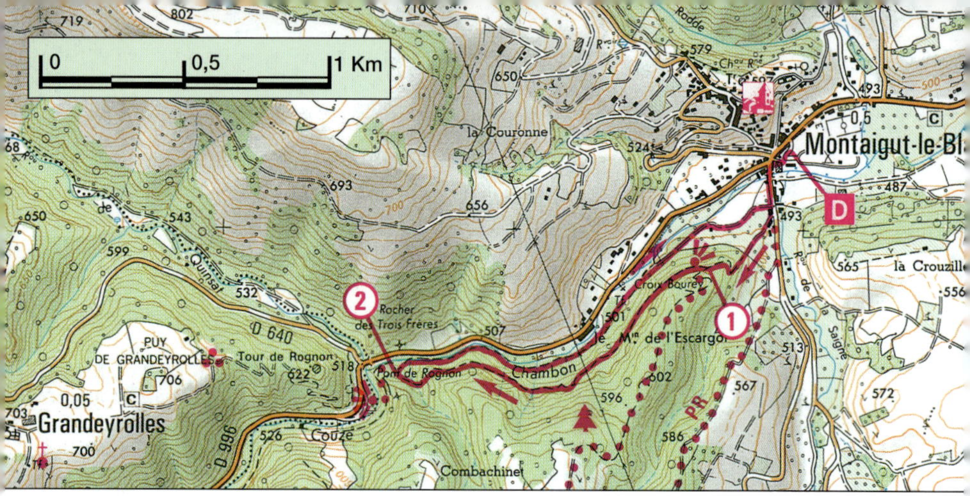


**D** Sur le parking devant le camping de Montaigut-le-Blanc, au centre du bourg. Passer devant la poste et prendre à gauche la route qui monte à Reignat.

Obliquer dans le deuxième chemin à droite entre deux maisons **(entre D et 1, partie commune avec la PR n°1 du Bal des Fées du topoguide «Pays Coupé, Lembron et Couzes»).** **1** Laisser le chemin et prendre à droite un sentier bien marqué. Il longe en surplomb la couze Chambon (plusieurs passages taillés dans le rocher ; un passage délicat avec échelle). Le sentier descend ensuite vers la rivière **(hors circuit : prendre à gauche un sentier qui s'élève en lacets et débouche sur un beau point de vue sur la tour de Rognon et le ravin de Quinsat).** **2** Longer à droite la couze Chambon jusqu'à Montaigut-le-Blanc.

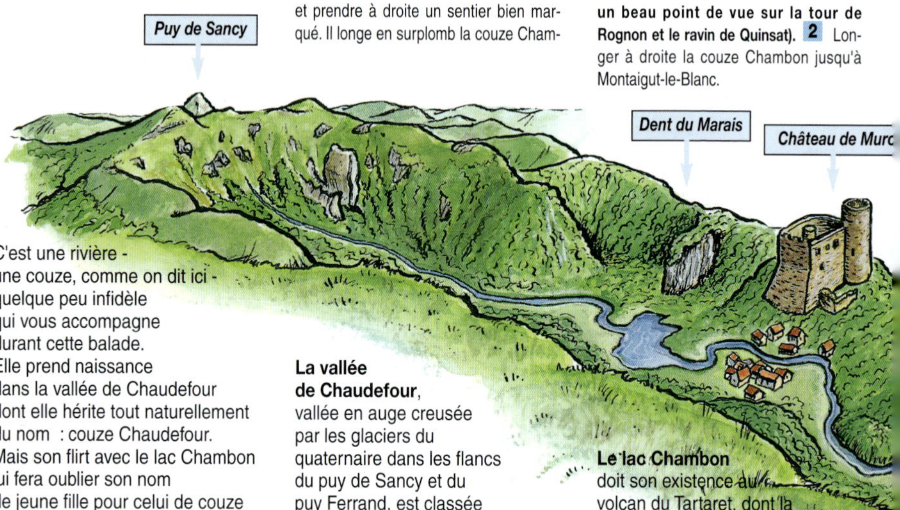


C'est une rivière - une couze, comme on dit ici - quelque peu infidèle qui vous accompagne durant cette balade. Elle prend naissance dans la vallée de Chaudefour dont elle hérite tout naturellement du nom : couze Chaudefour. Mais son flirt avec le lac Chambon lui fera oublier son nom de jeune fille pour celui de couze Chambon, jusqu'à son union avec l'Allier, à Coudes.

**La vallée de Chaudefour**, vallée en auge creusée par les glaciers du quaternaire dans les flancs du puy de Sancy et du puy Ferrand, est classée réserve naturelle pour la richesse de sa flore et de sa faune.

**Le lac Chambon** doit son existence au volcan du Tartaret, dont la coulée, en obstruant la vallée, a retenu les eaux de la couze.

LES COUZES. En Auvergne, le mot «couze» désigne ces rivières descendues des monts Dore pour rejoindre l'Allier. Couze Pavin, couze Chambon, couze d'Ardes, elles filent plein est, leur cours étant quasiment parallèle.
Mais les couzes ne sont pas spécifiques à la région. On en trouve dans le Périgord, les Causses, le Lyonnais, le Jura... En recherchant leurs points communs, il est apparu que toutes évoluent à proximité de grottes. Ainsi, les couzes auvergnates coulent dans des vallées accidentées, souvent riches en abris, comme c'est le cas pour la couze Chambon, jalonnée par la grotte des Fades de la Dent du Marais, les grottes de Saint-Nectaire, de Grandeyrolles, de Neschers... De plus, il existe alentour de nombreux habitats troglodytiques, grottes et anfractuosités portant le nom de Cusol, Cuzers, Cuzon ou Cuzes... D'où l'idée que «couze» pourrait signifier «rivière des grottes». D'autant qu'en plat pays alluvionnaire, où les grottes sont absentes, l'appellation de couze disparaît.

# LE SENTIER DE LA GAILLARDE

## MONTAIGUT-LE-BLANC

12

**Voir et savoir** après **1**, beau point de vue sur Montaigut-le-Blanc Montaigut-le-Blanc : ruines du château, donjon du 12e siècle, restes de la chapelle romane (12e siècle), beaux chapiteaux et bénitier dans l'église paroissiale.

**Infos pratiques** circuit en zone boisée.

**A proximité** tour de Rognon (13e siècle) petite église romane de Grandeyrolles (12e siècle) à proximité, site d'escalade du Rivalet • autres PR au départ de Montaigut-le-Blanc, décrites dans le topoguide Chamina «Pays Coupé, Lembron et Couzes».

***Une balade pour ceux qui aiment les senteurs de mousses, les rochers tout crêpés de fougères, les sous-bois bavards d'une couze longtemps invisible, les sentiers étroits au fil de la pente, au fil de l'eau.***

| |
|---|
| **1 h 35** |
| **balisage bleu** |
| **3,5 km** |
| **▼ 490 m - ▲ 500 m** |

Montaigut-le-Blanc. -ND-

MONTAIGUT-LE-BLANC, village chaleureux par son exposition et ses constructions, mérite une visite avant ou après cette balade en bord de couze. Montez dans le haut du village au pied du château du 13e siècle qui fut le berceau de la famille de Montaigut et habité jusqu'à la Révolution. De là, s'offrent de beaux panoramas sur la vallée et la région alentour. Au 15e siècle, le bourg était entouré d'un rempart percé de portes, dont une subsiste encore.

Sous le château, l'église conserve des éléments des 11e et 12e siècles, notamment de beaux chapiteaux. Au 18e, les habitants s'installèrent en bord de couze, le vieux village demeurant d'accès difficile.

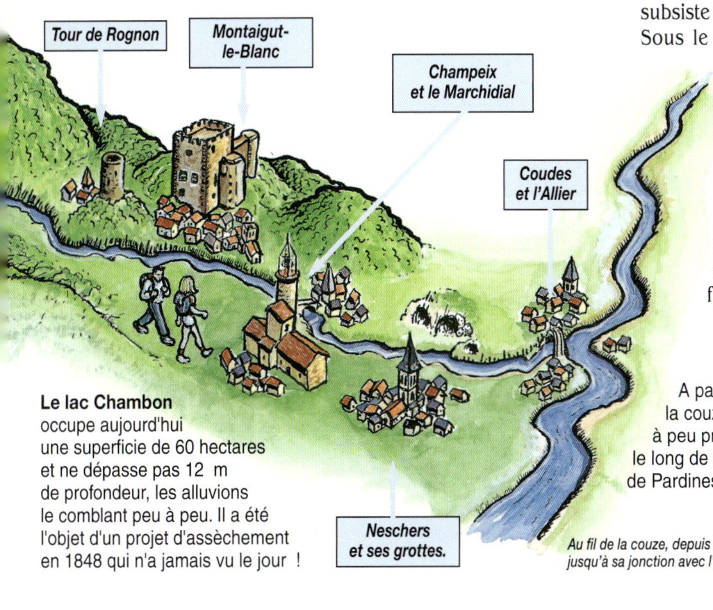


**Le lac Chambon** occupe aujourd'hui une superficie de 60 hectares et ne dépasse pas 12 m de profondeur, les alluvions le comblant peu à peu. Il a été l'objet d'un projet d'assèchement en 1848 qui n'a jamais vu le jour !

A partir de **Champeix**, la couze coule dans un couloir à peu près rectiligne le long de la chaux de Pardines et Chadeleuf.

Au fil de la couze, depuis les pentes du Sancy jusqu'à sa jonction avec l'Allier. -FP-

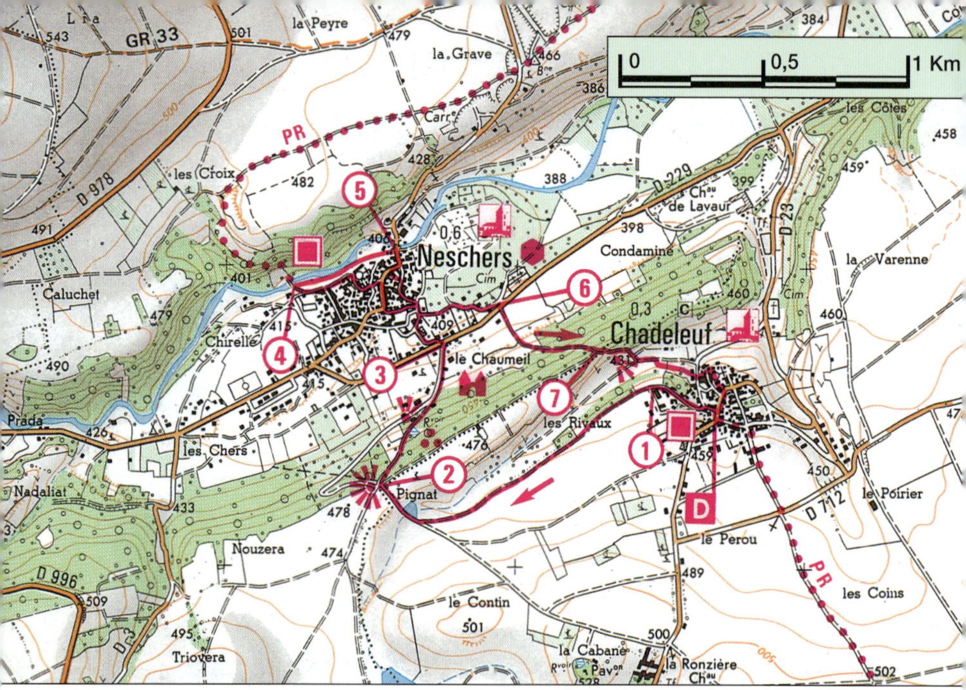

*Le pont des Croix-Basses. -ND-*

**D** Sur le parking, place de la Résistance (face à la salle polyvalente), à Chadeleuf. Descendre à gauche les escaliers du passage de la Canche. Monter en face dans la rue de la Borie, puis prendre la rue François-Pouget à droite. **1** Continuer tout droit par un chemin ombragé. A la fourche, continuer à droite. Laisser un chemin sur la droite. **2** 10 m plus loin, descendre à droite juste avant d'arriver à la croix de Pignat. Continuer à descendre sur la droite jusqu'à la route. **3** La traverser et descendre sur la gauche par la rue Pierre-Fourvel. Face à la tour, cette rue se prolonge à gauche. Devant la boulangerie, prendre toujours à gauche la rue Charles-Roucher. Passer sous le porche à droite et poursuivre dans un dédale de ruelles, jusqu'à l'église. La contourner et emprunter la rue à gauche, qui longe la couze. Descendre par un passage à droite, qui mène au pont des Croix-Basses. **4** Ne pas traverser. Longer la rivière en rive droite jusqu'au pont suivant, sur lequel on monte, sans le franchir. **5** Tourner à droite dans la rue principale jusqu'à la fontaine. Prendre alors la première rue à gauche, puis la première à droite et reprendre à gauche, la rue Pierre-Fourvel. 20 m après la tour, tourner à gauche et continuer jusqu'à la route. **6** La traverser et monter en face par le sentier bordé de murets. **7** Au sommet, redescendre en face. Au carrefour, tourner à gauche, puis monter par le sentier de la Buge à droite. Contourner la première maison à droite et descendre à gauche la rue de la Vieille-Fontaine. Monter ensuite en obliquant à droite par le sentier de Champserre. La montée se poursuit par un plan incliné à droite, puis prendre à gauche la rue des Forts. De la place, suivre à droite la petite rue Sainte-Radegonde et l'étroit passage qui longe l'église et débouche sur la place de l'Église. De là, regagner le parking.

**Voir et savoir** en **2**, vue sur le puy de Gourdon, d'Olloix, de St-Sandoux, Montpeyroux, la chaux de Chadeleuf, de Sauvagnat, de Pardines • entre **2** et **3**, belle vue sur Neschers • en **7**, sur le donjon et l'église de Chadeleuf • entre **2** et **3**, ancienne voie romaine • en **1**, ancien four à chaux • en **4**, pont muletier à double arche • Chadeleuf : village vigneron avec donjon, ancien rempart, église (13e siècle), fontaine • Neschers : village vigneron avec maisons en basalte, tours, ancien moulin • avant **3**, Chaumeil (privé).

**Infos pratiques** entre **4** et **5** • entre **6** et **7**.

**A proximité** à Neschers, foire à la noix, 4e dimanche d'octobre.

** Phylloxéra : insecte qui a détruit les vignes françaises à la fin du siècle dernier et provoqué le déclin du vignoble en Auvergne.*

# LES CROIX-BASSES

## CHADELEUF ■ NESCHERS



***Dévoilant les profils bosselés du Pays Coupé, ce petit itinéraire relie deux très beaux villages : Chadeleuf au teint ensoleillé, Neschers, couleur de lave au bord de la Couze ; deux anciens bourgs vignerons dont les ruelles s'enchevêtrent à leur passé.***

| |
|---|
| 1 h 45 |
| balisage bleu |
| 4 km |
| ▼ 406 m - ▲ 478 m |

MÊME sous un ciel gris, Chadeleuf a un abord chaleureux ; chaleur du lieu : une légère dépression de la chaux qui abrite le village sans le priver d'horizon, chaleur de la pierre ocre, des murs couronnés de toits rouges soulignés de génoises. Chadeleuf fut au Moyen Âge une petite seigneurie appartenant à l'abbaye d'Issoire ; il en garde des vestiges, à voir sur le retour.

Des hauteurs du plateau où s'étalent les champs des Limagnes du Sud, le chemin plonge dans le fossé creusé par la Couze Chambon. Il emprunte une ancienne voie romaine reliant le Languedoc à Clermont.

Au bas de la pente, tout contre la rivière, c'est Neschers, un même village accueillant, aux mailles serrées, qui s'est paré, lui, des belles couleurs sombres du basalte que ronge la couze. Neschers, autrefois chef-lieu de canton (remplacé aujourd'hui par Champeix), a compté jusqu'à 1 300 habitants vers la fin du 19e siècle. Mais les guerres ont vidé le pays de ses hommes, tandis que le phylloxéra* le privait de ses vignes. La fin du 20e siècle, voit un nouveau peuplement (692 habitants en 1995). L'A75, située à quelques kilomètres de Neschers le rapproche d'Issoire et de Clermont-Ferrand. Dans ce véritable labyrinthe de maisons emboîtées subsistent quelques tours, anciennes fortifications médiévales de cette seigneurie du Comté d'Auvergne. Les rues, très étroites, rendaient l'accès difficile aux attaquants. Le pont des Croix-Basses, qui se veut de «style gallo-romain», fut construit au début du 19e siècle dans le cadre d'un projet d'aqueduc qui n'a jamais vu le jour.

Le cavalier à l'Anguipède à Neschers.

De l'autre pont sur la Couze (datant de 1770 environ), on peut apercevoir des grottes troglodytiques. Dans de semblables cavités, non loin de là, furent découverts des outils préhistoriques, des haches et des monnaies celtiques. C'est aussi à Neschers que fut mise au jour la célèbre statue gallo-romaine du «cavalier à l'Anguipède», aujourd'hui conservée au musée de Vichy.

Place de Verdun, trônent fièrement «la Marianne», son lion et son enfant. Cette fontaine, très républicaine, sculptée par Gardet en 1859, est l'une des dernières du village. Elles étaient autrefois très nombreuses et indispensables pour l'autonomie de chaque quartier, dans cette vallée où les sécheresses sont fréquentes. Elles ont été supprimées lors de l'installation de l'eau courante afin de forcer les habitants réticents à utiliser leur nouvel équipement.

*Le village de Chadeleuf. -ND-*

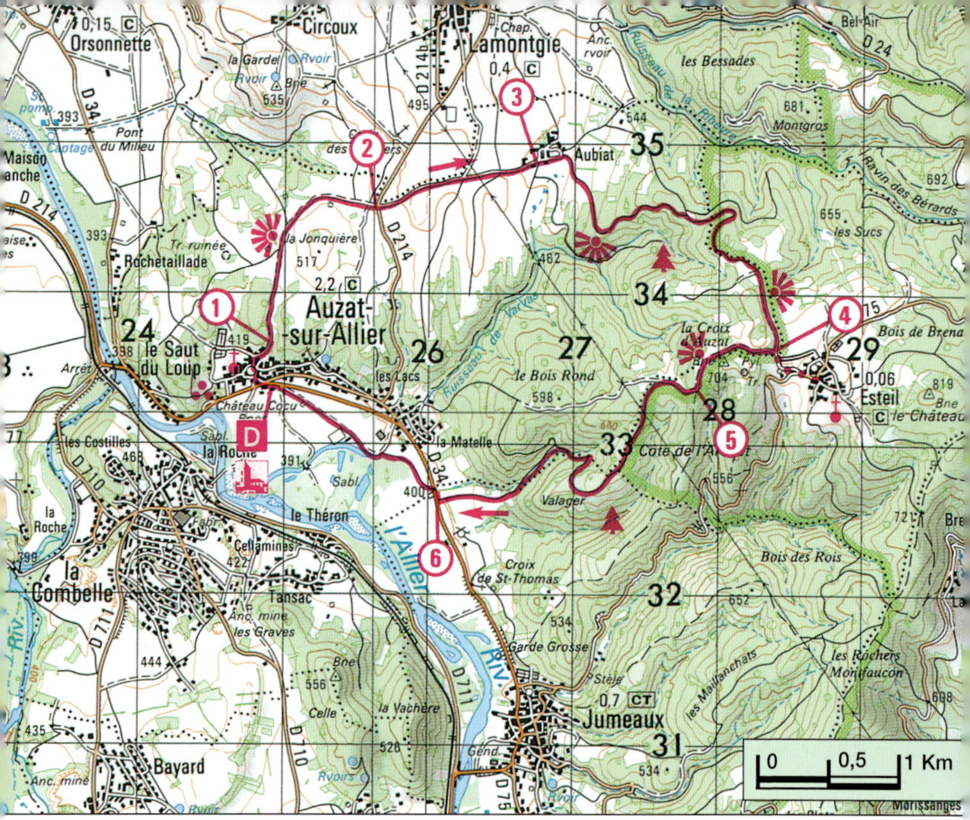


**D** Sur le parking place du Coudert, devant la mairie d'Auzat. Suivre la route en direction du Saut du Loup sur 100 m. Prendre la rue de la Poste, puis à droite la rue du Ruisseau. Sur la place de l'Église, à droite, prendre la rue de la Bonne-Vierge qui oblique à droite. **1** On sort du bourg par un bon chemin qui monte sur le plateau. Une large courbe à droite conduit à la D 214. **2** La traverser et suivre une petite route qui va tout droit au village d'Aubiat. **3** Passer en bordure du village et suivre tout droit un chemin qui s'élève ensuite à droite, à flanc de coteau, puis dans les bois. On rejoint un chemin dans une clairière. Monter à droite, traverser des bois et déboucher sur un replat. **4** A l'intersection **(hors circuit : village d'Esteil - 30 mn A/R),** prendre un chemin à droite. Passer devant la Croix d'Auzat. **5** A la fourche suivante, prendre à droite. Après 300 m, laisser ce chemin pour obliquer à gauche. Descendre dans la lande, puis à travers bois jusqu'à la route. **6** La suivre à droite sur 50 m, puis emprunter un chemin à gauche. Passer à côté du stade et rejoindre la place d'Auzat.



L'EXTRACTION DE CHARBON DE TERRE dans la région de Brassac a probablement débuté au 12e siècle. Mais la grande époque de cette activité fut le 19e. Italiens, Espagnols, Polonais, les étrangers affluèrent. Ils représentaient 90 p. cent des mineurs vers 1930. Plusieurs puits furent exploités successivement : La Combelle, Les Graves, Cellamines, le dernier à fonctionner étant le puits Bayard, autour duquel a été construite une cité ouvrière. Il ferma en 1978.

On peut avoir un aperçu de l'épopée de la mine et de la vie qu'elle impliquait en visitant le site des Graves à La Combelle (chevalement et chambres chaudes) et le musée de la Mine à Bayard, qui présente le chevalement et une partie du puits, ainsi que des galeries reconstituées (cf. horaires p. 92).

*Le chemin avant 6. -PE-*

# LA CROIX D'AUZAT

**14**

**AUZAT ■ ESTEIL ■ JUMEAUX**

***Au départ, le village d'Auzat hésite entre la vallée de l'Allier et les premières collines du Livradois. C'est vers ces dernières que le chemin choisit de nous emmener. Là-haut, le regard embrasse toutes ces montagnes qui font l'Auvergne : chaîne des Puys, monts Dore, monts du Cantal, Cézalier, Margeride.***

**3 h 15**
**balisage jaune**
**11 km**
**▼ 394 m - ▲ 694 m**

C'EST d'Auzat la rurale que part ce circuit. Cette commune que divise l'Allier a deux églises, deux styles, deux villages : Auzat et La Combelle, cité minière du bassin de Brassac, regroupant les deux tiers de la population (cf. encart).
Surveillé par les ruines du château féodal, le pas traîne déjà sur la petite place de l'église d'Auzat, dont les charmes pourraient bien donner envie de reporter la balade à plus tard. Mais l'ardeur aidant, le marcheur s'élève imperceptiblement. Et quand s'ouvre l'horizon, à hauteur d'un premier palier sur les contreforts du Livradois, c'est sans brusquerie. Cézalier, Sancy, chaîne des Puys se mettent en place aux points cardinaux.
Partout, des tonnes inutiles jalonnent les champs. Elles sont là comme un trait d'union entre le passé et le futur d'une terre en perpétuelle évolution, que les petites cultures et les vignes ont abandonnée. Puis le chemin grimpe à nouveau. Les bois et leurs odeurs engloutissent les champs et leur lumière. Le socle cristallin du massif qui se dresse affleure par endroits et courbe les petits chênes sessiles agrippés aux pentes colorées de fausses bruyères. A la sortie de ce bois clair, c'est un autre pays qui s'ouvre et qui invite : l'univers de vallons, de prés et d'arbres du Livradois. Esteil, le village tout proche, peut vous en donner un avant-goût, avant que le chemin ne vous ramène, en bas, vers l'Allier.

*Vue sur les monts du Livradois avant Esteil. -PE-*

**Voir et savoir** entre **1** et **2**, sur la butte et le village de Nonette, au loin sur le Cézalier, le Sancy et la chaîne des Puys • après **3**, sur la vallée de l'Allier, La Combelle, le Lembron • avant **4**, sur les premiers contreforts du Livradois • à la croix d'Auzat, sur les buttes de la Comté, la chaîne des Puys, le bassin d'Issoire et la vallée de l'Allier, le massif du Sancy, les monts du Cantal, la Margeride église d'Auzat (11e-15e siècles) avec Pietà • avant **1**, petit oratoire avec statue de la Vierge inclus dans une maison privée Auzat, vieux bourg vigneron, ancien port charbonnier.

**Infos pratiques** entre **3** et **4** • entre **5** et **6**.

**A proximité** ruines du château Cocu, ancienne forteresse féodale église d'Esteil, ancien prieuré fondé en 1151 • vestiges du cloître.

*Le village d'Esteil. -PE-*

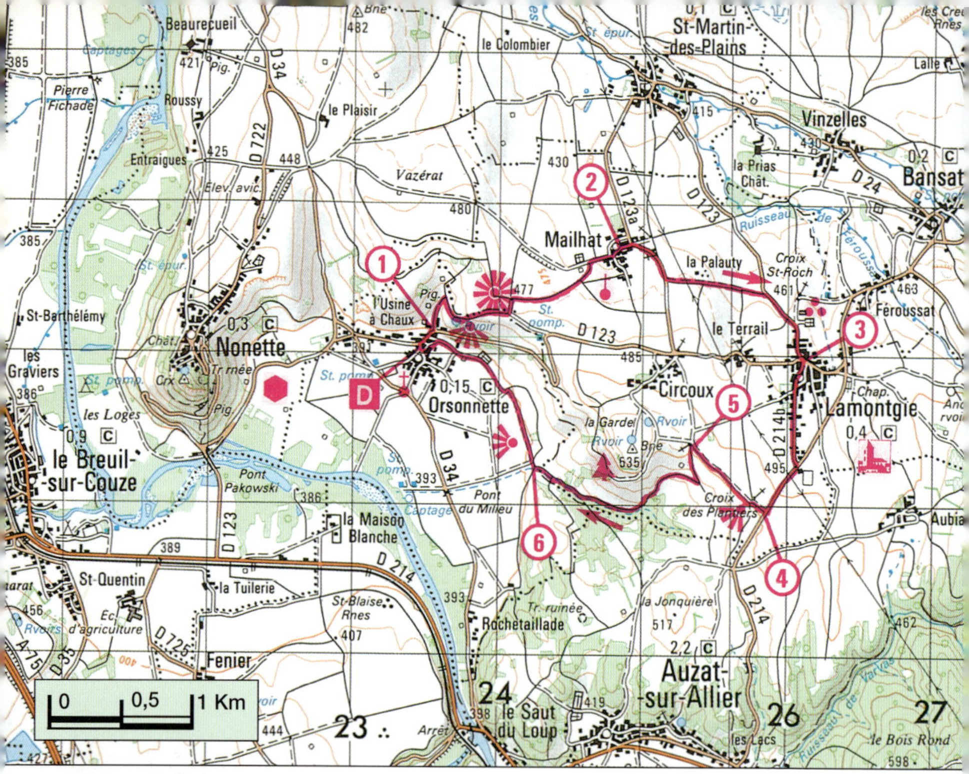

Détail du portail de l'église de Mailhat. -PE-

L'ÉGLISE DE MAILHAT est un bel édifice roman de la fin du 12e siècle, classé Monument historique. Ce fut à l'origine la chapelle d'un prieuré appartenant aux bénédictins de Sauxillanges. Elle est construite en arkose jaunâtre à gros grains, pierre extraite dans des carrières locales. Admirez l'imposant clocher carré, les superbes arcatures extérieures de son chevet en hémicycle, les décors de l'abside, les bas-reliefs du portail sud, ainsi que les chapiteaux intérieurs.

L'église de Mailhat. -PE-

**D** Du parking sur la place, près de l'église d'Orsonnette. Rejoindre la D 123 et prendre la direction de Lamontgie. **1** Juste après une grande maison avec un cèdre, s'engager à gauche dans le chemin qui conduit, après un virage à droite, au château d'eau. Continuer à monter tout droit. 350 m au-delà du réservoir, tourner à gauche, puis 100 m plus loin, prendre à droite un bon chemin qui va en direction de Mailhat. Longer les jardins à gauche, puis prendre une petite route à droite. On arrive sur une place. Continuer tout droit. **2** Passer à côté de l'église et traverser le village. Suivre la route qui oblique à droite. Après 300 m, prendre à gauche un large chemin ; il rejoint la route départementale. L'emprunter jusqu'à Lamontgie. **3** Sur la place, continuer tout droit en direction d'Auzat et passer devant l'église. La rue bordée de platanes rejoint la route qu'il faut suivre à droite. **4** Au sommet de la côte, prendre à droite un bon chemin en bordure du plateau. **5** A la deuxième croix, suivre nettement à gauche le chemin descendant, puis prendre à droite le chemin de la vallée. **6** Au carrefour, virer à droite. Au carrefour suivant, tourner à gauche, puis à droite, passer devant le cimetière et entrer dans Orsonnette.

# NOTRE-DAME DE MAILHAT



## ORSONNETTE ■ LAMONTGIE

***Entre la plaine de l'Allier et les collines du Livradois, les chemins serpentent parmi les parcelles cultivées et les derniers arpents de vignes des pentes calcaires. Orsonnette, Mailhat, Lamontgie, tout de rouge et d'ocre, ont la senteur des pays du soleil.***

**2 h 15**

**balisage jaune**

**8 km**

**▼ 391 m - ▲ 507 m**

C'EST l'un des itinéraires situés le plus au sud de l'aire géographique couverte par ce topoguide. Ce n'est donc pas un hasard si l'atmosphère, l'ambiance qui s'en dégagent ont quelque chose de méridional. Ainsi, à Orsonnette, ces grandes maisons surmontées d'un toit à quatre pans, ces génoises qui ondulent sur les pierres ocre, ces quelques cèdres éparpillés et ces nuées de pigeons donnent au village un air de vacances.

Puis le chemin s'élève parmi les tonnes, ces cabanes où les paysans entreposaient leurs outils et vivaient parfois, les deux «pièces» supérieures étant, dans cette région, réservées aux pigeons (cf. dessin). D'ici, le puy de Dôme semble bien loin, et le regard reste braqué sur le sud qu'il scrute avidement. Du val d'Allier, on débouche sur une Limagne, avec ses noyers et ses grandes cultures que les reliefs alentour protègent : le Livradois cristallin d'un côté et les plateaux descendant des monts Dore volcaniques de l'autre. La terre ici n'est plus noire, mais d'un brun chaud qui s'accorde parfaitement à la couleur blonde de l'arkose des constructions locales.

Au milieu des champs, se tient Mailhat, un village comme tant d'autres, qui enveloppe sa très belle église comme une pierre précieuse dans sa gangue (cf. encart).

Le village d'Orsonnette et la butte de Nonette. -ND-

Plus loin, Lamontgie distille son passé viticole dans son architecture de fières maisons bourgeoises dont les murs de calcaire captent le soleil.

L'espace se resserre le temps de traverser le village où, dans les rues, les platanes qui s'alignent rappellent encore le Midi. Au loin, se dressent les chevalements des mines du bassin de Brassac. Le chemin glisse doucement dans un vallon où les prés ont remplacé les vignes.

Enfin, l'horizon se rapproche et les sens se reposent, fatigués, mais grisés par tant de vastitude.

**Voir et savoir** ☼ après **1**, belle vue sur la plaine, sur Nonette et Orsonnette, sur le Lembron et ses buttes • entre **1** et **2**, sur les contreforts du Livradois, le sud de la Comté, la chaîne des Puys, le massif du Sancy, le Cézalier, les monts du Cantal • après **4**, sur La Combelle (ancienne cité minière) • après **6**, sur la butte et le village de Nonette ♣ à l'entrée de Lamontgie, vestiges d'un moulin à vent ✝ en **D**, petite église romane d'Orsonnette • en **2**, très belle église romane de la fin du 12e siècle (clocher d'orientation) ▣ Lamontgie : lavoir, pigeonnier, nombreuses maisons bourgeoises, ambiance méridionale.

**Infos pratiques** ▲ entre **5** et **6**.

**A proximité** ⬢ PR du SIVOM des Rives d'Allier (renseignements à la mairie de Nonette).

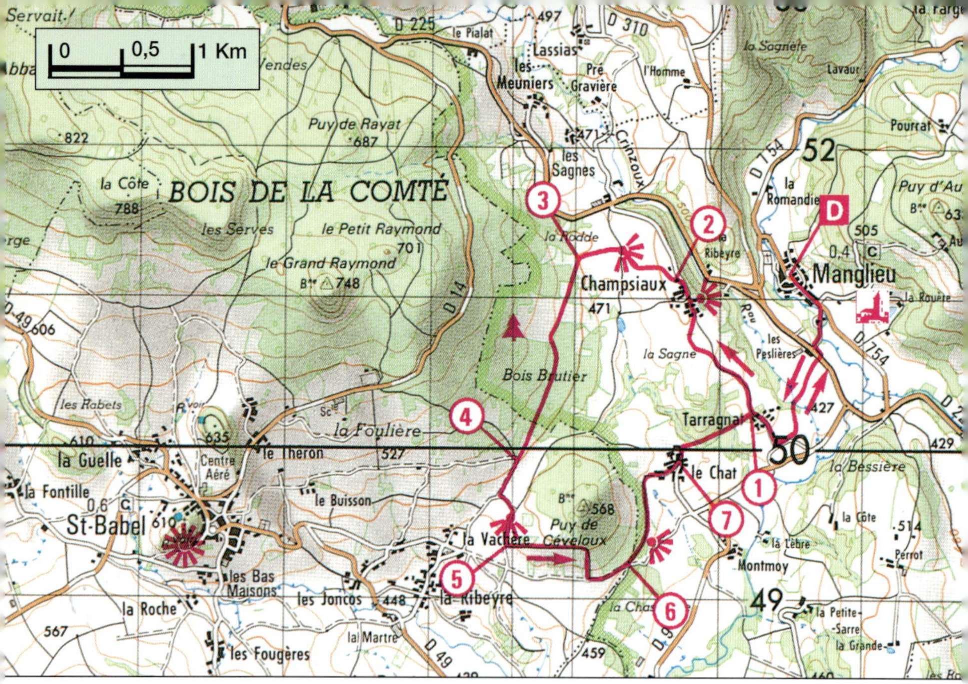


**D** **(Possibilité de départ en 2 ; du parking sur la place du hameau de Champsiaux. Longueur du circuit : 7 km - durée : 2 h 15.)** Du parking sur la place, à droite de l'église de Manglieu. Passer devant la bascule et la boulangerie et continuer tout droit. A la sortie du village, franchir la passerelle à droite, longer une maison et remonter jusqu'à la route. La prendre à gauche sur 100 m, puis emprunter le premier chemin à droite. Traverser le ruisseau. A la première intersection, continuer tout droit. A la deuxième, monter à droite vers le hameau de Tarragnat. **1** Traverser le hameau en obliquant légèrement à gauche et monter tout droit par un large chemin qui tourne à droite à angle droit avant Champsiaux. **2** A la sortie, prendre à gauche un chemin qui descend en direction des bois. Au premier carrefour, monter tout droit et suivre ce chemin jusqu'à l'entrée du bois. **3** A la fourche, tourner à gauche dans le bois et continuer tout droit par ce chemin plus ou moins marqué. A une intersection dans les bois, descendre à gauche. A la fourche, 30 m après, continuer à droite. **4** Au carrefour, descendre à gauche. A l'intersection suivante, remonter à gauche pour rejoindre un carrefour en T où l'on descend à droite. **5** Dans la descente, après une rangée de noyers, monter à gauche entre deux champs. Continuer tout droit, puis descendre à droite le long du bois. En bas de la descente, tourner à gauche. **6** Au carrefour, prendre à gauche, le long du bois. Continuer tout droit jusqu'aux premières maisons, puis descendre à droite le long du hangar. **7** Au carrefour en T dans le village, tourner à gauche. Laisser une entrée de pré à droite et descendre 20 m après à droite. On rejoint le point 1. Descendre à droite sur Tarragnat pour rejoindre le point de départ par le même itinéraire.

*Des hameaux dispersés : Le Chat, Tarragnat, Champsiaux et, au loin, le massif du Sancy. -AG-*

*Un chemin qui invite à la découverte. -AG-*

# LE PUY DE CÉVELOUX

## MANGLIEU ■ SAINT-BABEL

16

AU DÉPART de Manglieu, un village que son ancienne abbaye a marqué d'une histoire indélébile (cf. encart), le promeneur s'en va flânant par les ondulations du relief. Ici, plus de Limagne et de vastes étendues monolithiques ; c'est le Livradois cristallin de forêts et de maigres cultures, avec toutefois quelques pitons volcaniques boisés, sursauts du paysage caractéristique de la Comté.

Dans les hameaux de Tarragnat, de Champsiaux, des maisons où la vie n'est plus que minérale ou végétale côtoient des fermes où les hommes déposent, épars, vieux outils, tracteurs, charrettes démantibulées, fourrages... Les objets du passé et du présent s'amoncellent dans un fouillis presque harmonieux qui n'est pas sans rappeler celui de la végétation environnante.

Les bois de chênes où se faufilent les brumes et les senteurs succèdent aux chemins du bocage.

Une ligne d'herbe trace des courbes, guidant le pas entre des haies opulentes ou faméliques, quelquefois absentes. Dans les fossés, l'eau chuchote. Des colonies de boules de gui squattent des vergers chevelus. Et le pas referme la boucle de la balade.

***Loin des grandes migrations de la plaine, les chemins flânent de bois en ruisseaux, de buttes en vallons. Cette région discrète révèle sa beauté dans ses silences. Ici, le temps tourne autour des saisons, sans fin ni commencement.***

**2 h 45**

**balisage jaune**

**10 km**

**▼ 420 m - ▲ 500 m**

**Voir et savoir** de Champsiaux, sur le pic et le château d'Auger, le Livradois • après **2**, sur la Comté et, à gauche, le pic d'Usson • avant **5**, sur le Livradois, Usson, Nonette, le Cézalier, le Sancy, le Brivadois et, en avant-plan, St-Babel • entre **6** et **7**, sur le château de Péchot Manglieu : un des plus anciens monastères d'Auvergne, abbatiale, vieux pont en dos d'âne sur l'Ailloux (cf. page 92).

**Infos pratiques** entre **3** et **4** • entre **7** et **1**.

**A proximité** St-Babel : table d'orientation, vestiges d'un château Sentiers botaniques au bord de la Comté foie gras à La Petite Sarre.

L'ABBAYE DE MANGLIEU, fondée au 7e siècle, est une des plus anciennes d'Auvergne. Comme beaucoup de monastères datant de cette époque, il y avait deux églises distinctes, l'une paroissiale, dédiée à la Vierge, l'autre abbatiale, dédiée à l'origine aux apôtres, qui devint plus tard l'église Saint-Sébastien. La vie de saint Bonnet, écrite au 8e siècle, décrit les édifices somptueux d'une abbaye prospère. Au milieu du 14e siècle, Manglieu, qualifié de ville, est clôturé d'un mur d'enceinte. En 1746, il ne reste que 8 religieux à l'abbaye et la Révolution signera son déclin. L'église Notre-Dame, plusieurs fois remaniée, puis vendue, est aujourd'hui désaffectée. L'église Saint-Sébastien, devenue église paroissiale, a été restaurée intérieurement. Le cloître et ses bâtiments sont en partie en ruine.

*Manglieu, un village blotti au bord de l'Ailloux, une des petites rivières qui entaillent le massif du Livradois. -HM-*

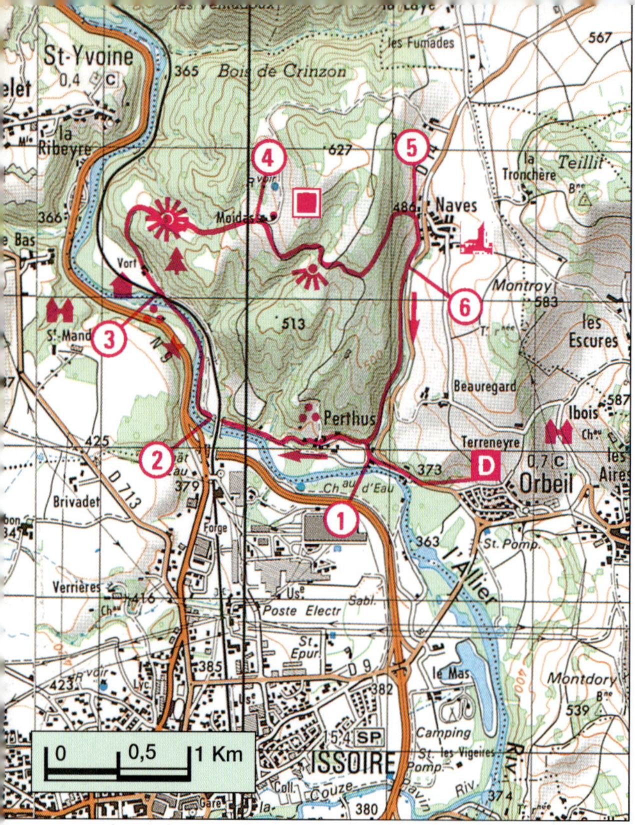


*Circuit praticable en toute saison sauf en période de crue de l'Allier.*

**D** Au lieu-dit «Le Pont d'Orbeil», sur la départementale reliant Orbeil à Saint-Babel. Après l'auberge, prendre sur la gauche la petite route qui s'approche de l'Allier. **1** Au premier carrefour, continuer en direction de Perthus-Haut, traverser le village et redescendre par le chemin du Rossignol. Puis longer l'Allier à droite. **2** Après être passé sous le pont de chemin de fer, s'engager à gauche dans un chemin sablonneux entre la voie ferrée et l'Allier. **3** Passer sous la voie ferrée, puis monter à droite et rejoindre un bon chemin. Le suivre à gauche jusqu'à la ferme de Vort. Prendre au-dessus des bâtiments un chemin d'exploitation qui monte dans le bois. A la sortie du bois, monter à droite en laissant Saint-Yvoine dans le dos. Le chemin descend ensuite légèrement et débouche dans une prairie. Obliquer sur la droite, puis monter à droite de la clôture. On rejoint un chemin qui monte à gauche vers Moidas. Rentrer dans le hameau **(hors circuit : fontaine restaurée en montant tout droit vers la sortie du hameau).** **4** Dans le hameau, prendre à droite un bon chemin. A la fourche, descendre à droite et continuer jusqu'à Naves **(hors circuit : village de Naves).** **5** A l'entrée du hameau, passer à droite derrière les premières maisons. Rejoindre la D 14, la suivre sur 100 m à droite. **6** Prendre le premier chemin à droite qui descend en sous-bois et rejoint la route de départ et le parking à gauche.



LA BATELLERIE SUR L'ALLIER. Jusqu'au milieu du 19e siècle, à l'arrivée du chemin de fer, l'Allier est restée une voie de circulation primordiale entre l'Ile-de-France et le Languedoc. Les périodes les plus florissantes du transport par voie d'eau furent les croisades, la guerre de Cent Ans, la fin du 16e siècle et le 18e avec la commercialisation des vins auvergnats, de la houille et de la pierre de Volvic. Au début du 19e siècle, arrivaient encore par cette voie 30 000 quintaux de fer, 100 000 balles de sel, 20 000 kg de chiffons, un millier de barriques de harengs salés... Pourtant, la navigation sur l'Allier se heurtait à de nombreux obstacles naturels : débit irrégulier, crues violentes, chenal navigable modifié après chaque inondation, lit semé de rochers.

A ces difficultés s'ajoutaient les entraves dues aux installations humaines. Les moulins à eau construits sur des bacs à fond plat devaient être amarrés près des rives. Or, au mépris des instructions royales, ils étaient placés au milieu de la rivière et causaient de nombreux naufrages.

Les pêcheries, qui permettaient la capture de grandes quantités de saumons – ce poisson tenant une place importante dans l'alimentation au Moyen Âge –, barraient la rivière et gênaient le passage des bateaux.

Enfin, les péages constituaient un obstacle arbitraire et abusif. Tout passage devant les tours d'un château ou sous les arches d'un pont faisait l'objet d'un paiement, ce qui constituait un apport appréciable de ressources pour les seigneurs du cru, étant donné l'importance du trafic au Moyen Âge.

**Suite du texte p. 56**

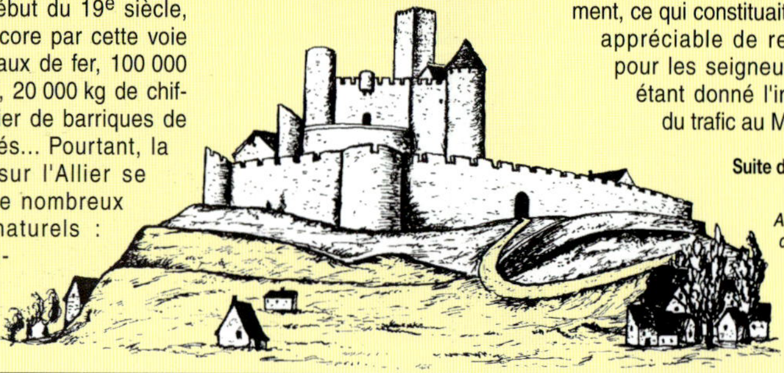

*Ancien château d'Ibois qui a appartenu à Catherine de Médicis.*
*-FP-*

# LE DOMAINE DE VORT

## ORBEIL



*Un itinéraire qui chemine des berges de l'Allier aux premières hauteurs de la Comté toute proche. On y découvre un point de vue inattendu sur Saint-Yvoine, puis de larges échappées sur la région d'Issoire et du Lembron.*

**2 h 30**

**balisage jaune**

**8 km**

**▼ 360 m - ▲ 550 m**

PERTHUS est le premier hameau que l'on aborde. Cette ancienne seigneurie d'Orbeil ne garde que quelques vestiges du château dont le donjon carré s'élevait au-dessus de l'Allier. Le seigneur de Perthus possédait plusieurs bacs sur la rivière, très lucratifs à l'époque, ainsi qu'un moulin, et il exerçait un droit de pêche (cf. encart). Plus tard, lorsque l'Allier fut rendue navigable, c'est au pied du hameau que fut installé le port fluvial d'Issoire. On peut encore voir l'ancien café de la marine et son ancre. Passé Perthus, le chemin se rapproche de l'Allier. La vallée s'étrangle, resserrant l'eau, la route, le rail et le chemin de terre dans une même gorge étroite. Autant de voies rassemblées n'incitent pas à l'immobilité. Chacune à son rythme, chacune en son temps, elles ont mis le pays en mouvement, lui ont permis de s'ouvrir et de commercer, avant de le livrer finalement à la fièvre des grandes migrations. Est-ce le même appel d'un horizon plus large qui vous pousse aussi à accélérer le pas ?

Puis le goulet s'élargit et l'espace s'ouvre sur le domaine de Vort, une ferme achetée par la commune et aménagée en centre d'accueil et de loisirs. Le chemin serpente entre les vallons clairsemés de petits chênes et de genêts. Saint-Yvoine, Buron émergent au sommet de leur butte. Après le hameau de Moidas, lové au pied de sa fontaine, le chemin se courbe toujours plus vers l'est, le long des pentes ensoleillées qui mènent à Naves.

Puis on redescend vers l'Allier, qui draine chemins et ruisseaux. Dans la forêt, soudain, un froissement de feuilles, le regard se fige, un chevreuil s'éloigne élégamment.

**Voir et savoir** ★ entre **2** et **3** berges de l'Allier ☼ après **3**, belle vue sur le château de St-Mande, St-Yvoine, Yronde et Buron, puis sur le puy de Dôme et la chaîne des Puys, le massif du Sancy • après **4**, vue sur la plaine d'Issoire, les buttes de Nonette et du Montcelet, le Cézalier, puis sur le Livradois à l'est et au loin la Margeride ⁂ avant **3**, reste d'une pile d'amarrage du bac de St-Mande • entre **1** et **2**, remparts et vestiges du château de Perthus.

**Infos pratiques** ▲ entre **2** et **4** • entre **6** et **1** ⌂ gîte communal de Vort dans une belle ferme rénovée après **3** (cf. carnet d'adresses page 92).

**A proximité** ■ hors circuit en **4**, fontaine restaurée de Moidas ▣ hors circuit en **5**, Naves : croix et fontaine sur la place, architecture vigneronne ♜ St-Mande • Ibois ⬢ à proximité, circuits pédestres balisés par la commune.

Près de Naves. -MA-

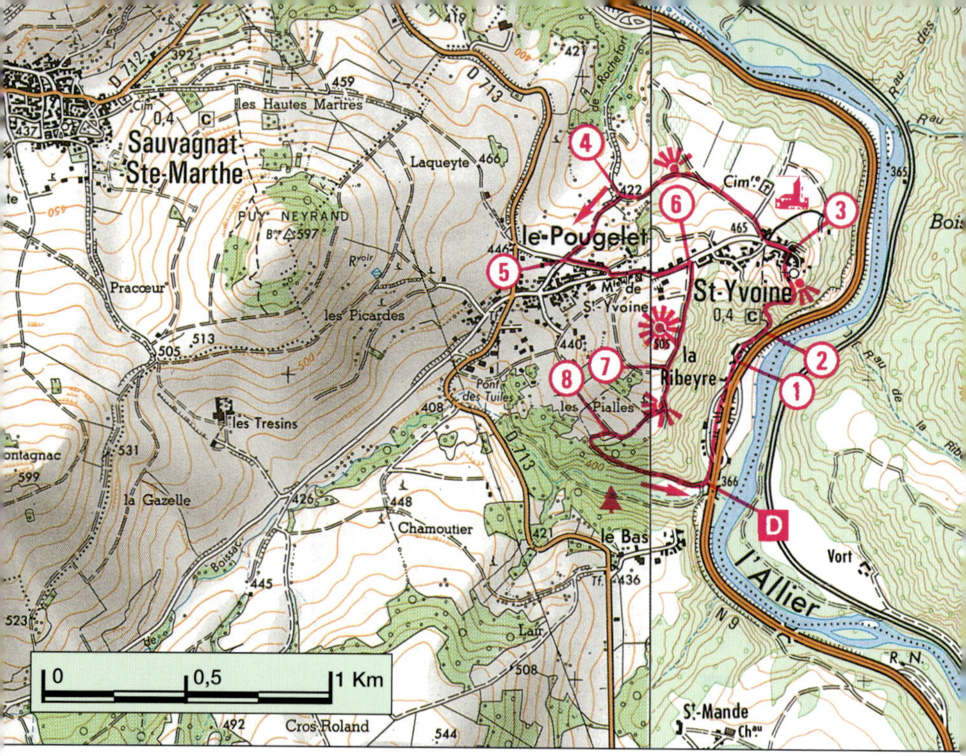

*Table d'orientation au-dessus du village de Saint-Yvoine. -HM-*

**D** A La Ribeyre, sur le parking, au rond-point, à la sortie de l'autoroute. Suivre la route qui longe l'autoroute A 75 jusqu'au brocanteur de La Ribeyre. **1** Prendre une ruelle à gauche entre les maisons, qui s'engage dans le vieux village de La Ribeyre. **2** Au croisement, au niveau de la dernière maison, prendre à droite le sentier qui s'élève rapidement vers Saint-Yvoine, passe sous les remparts et aboutit dans la rue principale. **3** L'emprunter à gauche sur 80 m, puis s'engager à droite dans un chemin. On passe non loin du cimetière. Laisser un chemin à droite et continuer la descente. **4** A une fourche, prendre à gauche et monter vers Le Pougelet. **5** Rejoindre la route et la suivre à gauche en direction de Saint-Yvoine. Passer devant la mairie et l'école. **6** A la croix de pierre, tourner à droite dans un chemin qui monte légèrement, puis qui redescend **(possibilité de rejoindre la table d'orientation au sommet de la butte).** **7** Au croisement, laisser le chemin de droite et continuer la descente. **8** Après la vigne, le chemin décrit une courbe à droite. Dans la ligne droite en direction du Pougelet, emprunter un chemin herbeux à gauche ; il descend vers La Ribeyre et le parking.

**Suite de l'encart de la page 54**

Pour lutter contre ces entraves au commerce fluvial, la «Communauté des Marchands fréquentant la Loire et ses affluents» portait régulièrement les litiges devant la Cour du Parlement. Ces marchands se chargeaient aussi du balisage de la rivière, qui consistait à sonder et nettoyer le chenal navigable.

Il est aujourd'hui difficile d'imaginer cette rivière procurant des ressources à toute une population de bateliers, mariniers, marchands et entrepreneurs. L'histoire de ces hommes et de la batellerie de l'Allier prit véritablement fin le 27 juillet 1957, date à laquelle un décret fut signé rayant la rivière de la liste des voies navigables et flottables.

# L'ÉPERON DE PIERRE-ANCIZE

18

## SAINT-YVOINE

*Une courte balade qui grimpe à la découverte d'un village haut perché sur son pic, bien connu des habitués de l'A 75. A ses pieds, la rivière Allier s'approche, musarde, puis s'en va vers la plaine.*

**1 h 30**

**balisage bleu**

**3,5 km**

**▼ 366 m - ▲ 495 m**

SAINT-YVOINE est bâti sur une de ces éminences granitiques – un horst pour les géologues – qui ont été poussées vers le haut lors de l'orogenèse alpine. A ses pieds, l'Allier ayant fait son lit dans la plaine sédimentaire de Limagne, a dû se frayer un passage dans la roche dure. De haute lutte, elle a creusé des gorges profondes et étroites, d'où le nom de «Pierre Ancize» ou roche entaillée donné au site. Le chemin monte très vite à l'assaut de l'éperon, révélant près du sommet ce microgranite qui le caractérise.

D'un même élan, le village prolonge le pic auquel il s'accroche. Il est campé là, à l'aplomb d'un axe où, depuis des siècles, l'homme et l'eau passent, moins dangereux au fil du temps. L'enceinte fortifiée devenue inutile se disloque.

On peut encore admirer la porte d'entrée et les ruines du château féodal. L'église romane, remaniée, achève le mouvement vertical du lieu. Alentour, les villages se perchent également : Yronde et Buron, Montpeyroux... souvenirs des temps guerriers, marqués par le passage incessant des troupes, notamment pendant les guerres de Religion où protestants, catholiques, puis ligueurs et royalistes se succédèrent. Ces villages ont la gravité du témoin qui sait tant de choses et la sagesse du vieil homme qui regarde avec détachement l'agitation du monde. Comme dans l'œil du cyclone, l'homme, en filant trop vite, a créé ces îlots où le temps n'a pas de prise.

Bientôt, on domine le village du sommet du puy de Neyrand, à l'extrémité d'une coulée de lave. Le massif du Sancy se profile entre les chaux*.

Plus bas, quelques arpents de vignes perpétuent l'histoire viticole de la région, qui atteignit son apogée au 19e siècle.

Vignes et tonnes au bord du chemin. -ND-

Saint-Yvoine et ses fortifications. -HM-

**Voir et savoir** ❊ de St-Yvoine, vue sur le château de St-Mande, sur le Lembron, Issoire • entre **3** et **4**, sur la chaîne des Puys, Montpeyroux et le domaine de Sarlant • entre **7** et **8**, sur le Lembron, Issoire et ses environs, la ferme de Vort 🏰 St-Yvoine, village surplombant l'Allier : église romane, belle porte du quartier fortifié, ruines du château.

**Infos pratiques** ▲ entre **2** et **3** • entre **8** et **D**.

**A proximité** ❊ entre **6** et **7**, hors circuit, table d'orientation.

* Chaux : *plateaux à faible pente dont la surface est formée par des coulées de lave et au pied desquels coulent les couzes.*

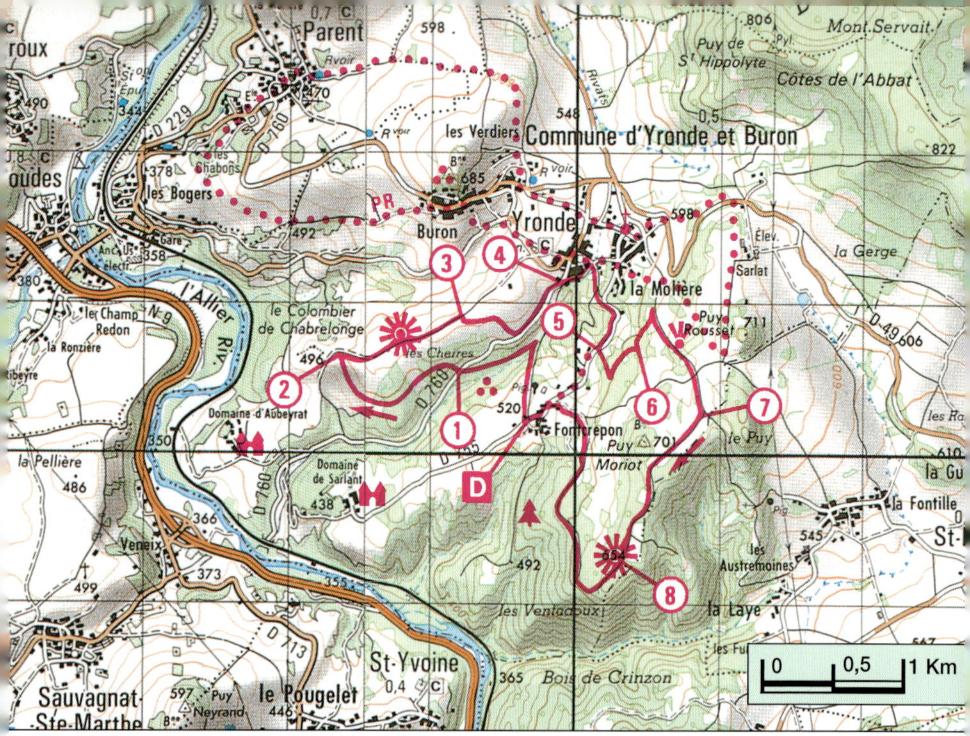


**D** Sur le parking, à la sortie de Fontcrépon (transformateur). Reprendre la route d'où l'on vient et descendre de suite à gauche, entre deux pylônes électriques, un chemin goudronné, puis herbeux. Après un pont en pierre, tourner à gauche et passer devant les ruines de l'abbaye du Bouschet. **1** Couper la route et remonter en face. Obliquer à gauche en haut de la montée. **2** Après les vignes, monter à droite. Laisser ensuite un chemin sur la gauche et continuer à monter. Après une descente, prendre le chemin qui monte à droite. **3** Au carrefour en haut de la côte, descendre à droite. Prendre peu après le premier chemin à gauche, puis le premier à droite. On rejoint la route. L'emprunter à gauche jusqu'à Yronde. **4** A l'entrée du village, prendre la première rue à droite et suivre toujours à droite jusqu'aux dernières maisons. On débouche sur un chemin. A la fourche, monter à gauche jusqu'à la route. La suivre à droite jusqu'à la 1re maison de Fontcrépon **(raccourci possible : continuer sur la route jusqu'au parking. Longueur du circuit : 6 km - 1 h 50).** **5** A la borne d'incendie, tourner à gauche dans un chemin, puis à nouveau à gauche dans les bois pour s'élever progressivement. **6** On débouche sur un chemin que l'on suit sur la gauche. Prendre ensuite le deuxième sur la droite et continuer tout droit jusqu'à une fourche avant une descente. **7** Obliquer sur la droite, puis continuer tout droit. Avant d'arriver au-dessus des gorges de l'Allier, le chemin devient une sente rocailleuse. **8** Le sentier redescend. Le suivre sur la droite (éboulis). Retrouver un chemin. A la fourche dans les bois, le suivre à droite, puis descendre sur Fontcrépon.

*Yronde. -MA-*



L'ABBAYE DU BOUSCHET. «Elle fut fondée par le comte d'Auvergne Robert IV en 1192. [...] Elle prit très vite une grande importance et devint le "Saint-Denis" des comtes d'Auvergne, la plupart d'entre eux, [...] et leurs femmes s'y faisant inhumer jusqu'au 15e siècle.
Plusieurs de leurs mausolées étaient encore visibles au début du 19e siècle bien que certains aient été mutilés par les huguenots pendant les guerres de Religion.
Au 18e siècle, l'abbaye tomba en décadence. [...] Abandonnée sous la Révolution, elle se dégrada et servit de carrière aux habitants de la région, une partie de son mobilier et une de ses cloches se trouvent aujourd'hui dans l'église d'Yronde.»

*Histoire des communes du Puy-de-Dôme*, Éd. HORVATH

# L'ABBAYE DU BOUSCHET

## YRONDE ET BURON

*Un des plus beaux itinéraires, très aérien et très varié, offrant un panorama sur toute la région. A parcourir par temps clair et de préférence le matin pour une meilleure lumière sur le massif du Sancy.*

**3 h 15**
**balisage jaune**
**10 km**
**▼ 466 m - ▲ 672 m**

De Fontcrépon, un hameau adossé à la pente, face au Sancy et à ses marches dégradant les bleus de la brume, le chemin plonge dans un vallon humide où l'histoire s'est attardée. Ces ruines envahies par la végétation seraient bien anonymes si une plaque commémorative ne rappelait les origines de l'abbaye du Bouschet (cf. encart).

Lentement, on gagne les coteaux où des friches envahissantes dissimulent des tas de pierres abandonnées. Mais plus loin, les vignes ancestrales sont encore là, exhalant leurs parfums dans la chaleur des pentes calcaires. Tout en bas, à l'aplomb de l'Allier qui creuse là des gorges, le domaine d'Aubeyrat, ainsi entouré de vignes, a un air de grand château vigneron.

Le chemin remonte en crête, surveillé par l'imposante forteresse de Buron qui fut sans doute dès l'Antiquité un lieu de refuge naturel avant d'être fortifié. Puis vient Yronde, ses noyers, ses maisons d'arkose, lumineuses, son église romane. La présence d'un érable de Montpellier au bord de la route, arbre qui affectionne souvent les lieux calcaires, secs et ensoleillés, confirme la bonne exposition du site.

Alors commence la montée sous les chênes, avant-goût des bois de la Comté toute proche. Le chemin vire au sud et apparaissent les pins sylvestres, les callunes et les genêts. Là-haut, à l'aplomb des méandres de l'Allier, les lignes flirtent avec la verticalité, et le plaisir éprouvé face à l'horizon est de ceux que l'on ressent depuis les sommets les plus élevés.

**Voir et savoir** entre **2** et **3**, sur le pic de Nonette, la plaine d'Issoire, le pic d'Isson, St-Yvoine, le château d'Aubeyrat, les monts du Cézalier, le massif du Sancy, la chaîne des Puys, le château de Buron • entre **6** et **7**, sur Vic-le-Comte, la plaine de Cournon • en **8**, sur le Livradois, la plaine d'Issoire, St-Yvoine, la vallée de l'Allier, les monts du Cézalier, le massif du Sancy, le puy de Dôme ⁂ avant **1**, ruines de l'abbaye du Bouschet.

**Infos pratiques** entre **D** et **2** • entre **5** et **6** • entre **8** et **D**.

**A proximité** ⁂ ruines du château féodal de Buron (13e siècle) construit sur des orgues basaltiques † église d'Yronde (12e siècle) avec son important mobilier provenant de l'abbaye du Bouschet (hors circuit en **4**) domaines de Sarlant et d'Aubeyrat.

*Vue sur Yronde, Buron et son château, la chaîne des Puys et le massif du Sancy. -MA-*

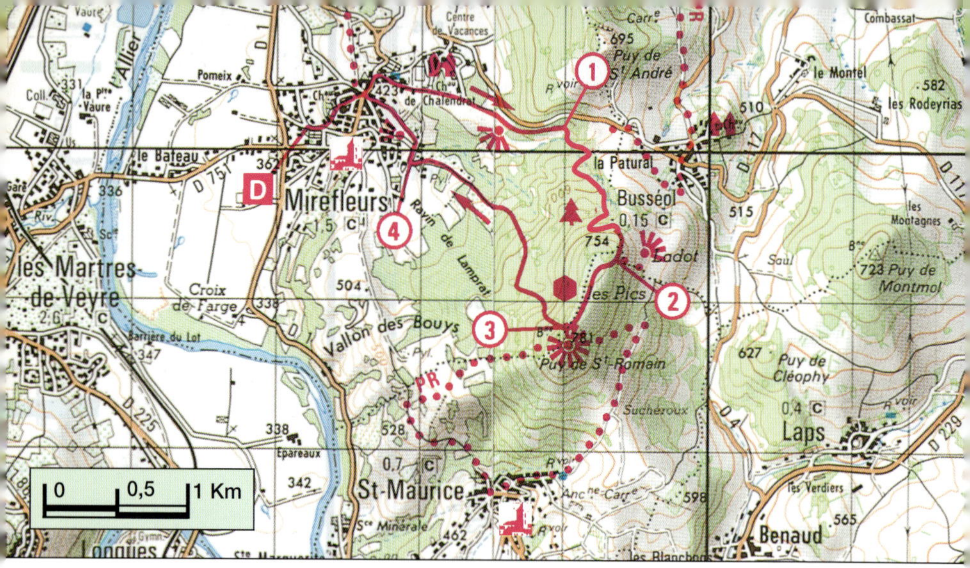


**D** Sur le parking en face du cimetière, rue des Chelles, en bas du village de Mirefleurs **(tronçon commun avec la PR Chamina jaune de «Busséol» entre D et 1)**. Prendre la rue qui monte à gauche. Continuer par les escaliers, puis tout droit. On longe l'église par la rue du Guichet et on arrive place de la Molle. Continuer tout droit par la rue de la Grande-Chareyre, puis la place de la Mairie. Prendre la direction de Busséol. Ensuite, bifurquer à droite dans la rue de Chalendrat, puis dans la rue de la Thioule. Longer le château. **1** Bifurquer à droite par un chemin qui monte dans les bois. **2** A la sortie du bois, passer une chicane **(hors circuit : vue sur le village de Busséol et son château en continuant le long du bois à gauche)** et traverser le plateau en longeant le bois. Monter au sommet du puy Saint-Romain (montée non balisée). **(Tronçon commun avec les PR bleue et jaune du «puy Saint-Romain» entre le sommet du puy et 3.)** Revenir à la lisière du bois à gauche et descendre par le chemin. **3** 200 m plus loin, prendre à droite à la sortie de la forêt de résineux jusqu'à une chicane. La passer et descendre à nouveau, en longeant la clôture, dans le pré jusqu'à une autre chicane. La franchir aussi et suivre le chemin qui descend. **4** Aux premières maisons du village de Mirefleurs, prendre à droite la rue de la Quere. On rejoint une route goudronnée. La suivre à droite, puis prendre à gauche la rue des Vignoux. Cette dernière ramène à la place de la Mairie de Mirefleurs. Revenir au parking par le même itinéraire.

*Vue du puy Saint-Romain sur le village de Laps, la Comté et le Forez. -HM-*

# LA FORÊT DU PUY SAINT-ROMAIN

## MIREFLEURS

20

**_Au départ de Mirefleurs, un itinéraire ombragé à l'abri des bois pentus de pins et de feuillus, découvrant de beaux points de vue, dont celui, superbe, du sommet du puy Saint-Romain. Allez donc voir là-haut le départ d'un deltaplane ou le coucher du soleil derrière la chaîne des Puys._**

| |
|---|
| **3 h 00** |
| **balisage jaune** |
| **9 km** |
| **▼ 420 m - ▲ 781 m** |

Mirefleurs, «qui regarde les fleurs». Le village adopta ce très joli nom en 1470, suite au passage du comte d'Auvergne, Bertrand VII de la Tour, qui, admirant le site, s'exclama : «Mirez ces fleurs, Messires !»
Mirefleurs semble avoir hésité entre les éléments : l'eau de l'Allier et la pente du puy Saint-Romain. Sagement, il s'est blotti entre les deux, ne voulant offusquer ni l'un ni l'autre, par trop imprévisibles et trop compères. Il suffit de l'observer ce puy, flirtant avec l'Allier nonchalante à ses pieds, pour comprendre leur complicité.
Ce petit village vigneron cache encore quelques tours et le pointillé d'anciens remparts aujourd'hui avalés par les cours et les recoins des habitations, mais qu'un œil averti saura tout de même vous dévoiler.
Une meurtrière se fond dans le mur de l'église, ancienne chapelle du château, rénovée en 1845. La tour de l'horloge était autrefois le poids de ville. Une maison aux formes arrondies tente de dissimuler son riche passé.
Il faudrait prolonger encore cette quête de l'histoire, mais l'ascension nous appelle. Car, bien que modeste, le puy Saint-Romain reste un sommet (le plus élevé de la Limagne avec ses 781 m d'altitude). Dès la sortie du village, il est là : ses formes volcaniques, ses clins d'œil vers l'horizon invitent à l'approcher. C'est à peine si l'on remarque derrière son mur d'enceinte le château de Chalendrat, dont l'ancienne église fut sans doute longtemps celle de Mirefleurs.
Bientôt, le puy se cabre sous les pas et l'imagination s'essouffle, hésitant à recréer ce paysage du siècle dernier où cultivateurs, éleveurs, horticulteurs, vignerons ne laissaient pas la moindre parcelle à la nature. Puis le bois frissonne et la terre devient chair.
Le sommet ne se laisse pas facilement conquérir, comme ce fut sans doute le cas pour les pèlerins qui montaient encore, au début du siècle, à la chapelle aujourd'hui disparue. Mais le plaisir est là, infini, d'un horizon presque rond.

*Le village de Mirefleurs. -MA-*

**Voir et savoir** ☼ entre **D** et **1**, vue sur Corent et son puy, le Cézalier, le Sancy, Les Martres-de-Veyre, la tour du Crest, la chaîne des Puys • du puy St-Romain, sur la Comté, le val d'Allier, le massif du Sancy, la chaîne des Puys • entre **4** et **D**, sur Mirefleurs et le puy de Dôme ▣ Mirefleurs, ancien bourg fortifié : tours, terrasse de l'ancien château, église ▣ entre **D** et **1** Chalendrat (18e siècle, privé) ⬢ base d'envol de deltaplanes au sommet du puy St-Romain.

**Infos pratiques** ▲ entre **1** et **2** • entre **3** et **4**.

**A proximité** ▣ St-Maurice : église du 11e siècle, vestiges d'enceintes ▣ Busséol (12e siècle), visite pratiquement toute l'année ⬢ à proximité, source intermittente des Gargouillères à Lignat • source du Sail à Mirefleurs.

*Cet itinéraire a été réalisé en partie par une équipe internationale de jeunes en séjour d'été à la mairie de Mirefleurs.*

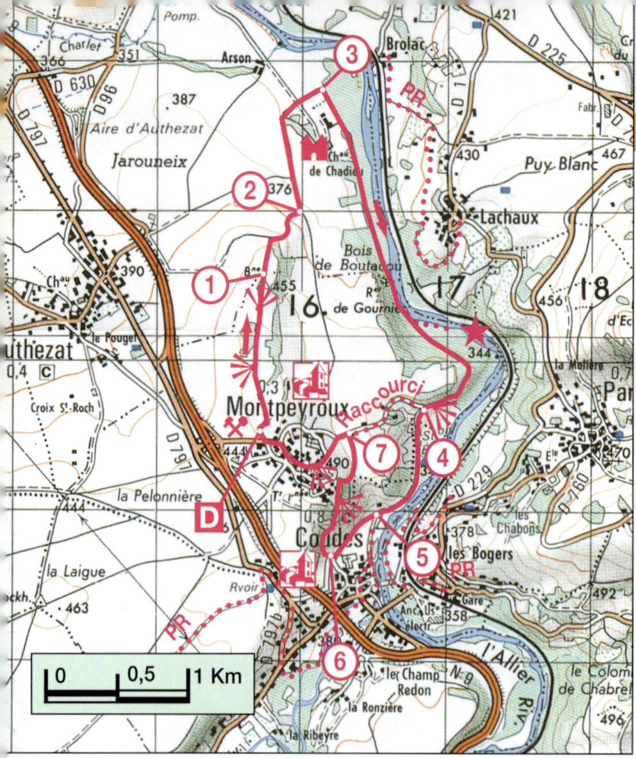


**Voir et savoir** entre **D** et **1**, vue sur le massif du Sancy, le puy de Dôme, le val d'Allier, le puy St-Romain, le puy d'Écouyat, le château de Buron • entre **6** et **7**, sur la vallée de l'Allier, Parent, Coudes, Buron, St-Yvoine • avant l'arrivée, sur le Cézalier et le Sancy Montpeyroux, village fortifié : donjon, église romane, porte d'enceinte, vieilles demeures entre **2** et **3**, Chadieu et son cadre de verdure en **D** à droite, ancienne carrière d'arkose.

**Infos pratiques** par temps de pluie, chemins boueux entre **1** et **3** entre **3** et **4**.

**A proximité** Coudes : ancien village vigneron, pont gothique, église St-Genès d'origine mérovingienne (6e siècle) ★ petite plage et île de l'Allier.

**D** Des parkings, au-dessus du bâtiment d'accueil (espace info-expo) à l'entrée de Montpeyroux. Dos à ce bâtiment, suivre le chemin à gauche sur le plateau. **1** A l'amorce de la descente, laisser un chemin à gauche, puis un à droite. Rejoindre un chemin et le suivre à droite. Après la descente, prendre à droite. **2** Tourner à gauche dans un chemin d'exploitation qui conduit tout droit vers la propriété de Chadieu. Descendre à droite le long du parc, traverser la petite route goudronnée et continuer tout droit. **3** Tourner à droite dans le premier sentier **(barrière à l'entrée interdisant le passage de véhicule).** On longe les rives de l'Allier. **4** On rejoint une partie goudronnée, poursuivre tout droit **(raccourci : monter par la route à droite et rejoindre le point 7 ; longueur du circuit : 7 km, durée : 2 h 00).** **5** Avant Coudes, entre le premier et le deuxième ralentisseur, après le panneau de limitation de vitesse à 40 km/h, tourner à droite le long de la clôture et prendre un petit sentier qui serpente entre les jardins. **6** On débouche sur la rue du Nord. Prendre à droite le chemin du Cuel, puis peu après le chemin sur la droite. On rejoint une route. **7** La prendre à gauche sur 150 m, puis tourner à gauche dans un sentier. Traverser la rue de la Croix-du- Bras et monter le chemin du Chafour. Visiter Montpeyroux. De la place de l'Église, rejoindre le parking par la rue de la Quye et la rue des Granges.



*Montpeyroux. -HM-*

L'HISTOIRE DU CHÂTEAU DE CHADIEU est marquée par le baron Jean de Batz, célèbre pour ses complots royalistes pendant la Révolution. Il en fut le propriétaire de 1799 à 1808. Reconstruit sous Napoléon III, Chadieu était alors un lieu très apprécié pour son cadre et son architecture.

Aujourd'hui, propriété du Syndicat Intercommunal de Chadieu, le parc et les anciennes écuries accueillent le centre aéré d'Authezat et diverses associations, à l'occasion de fêtes.
Le château, quant à lui, a trouvé un acquéreur passionné qui se propose de la sauver d'une ruine déjà bien avancée.

# SUR LE CHEMIN DE L'ARKOSE

## MONTPEYROUX ■ AUTHEZAT ■ COUDES



**_Entre Montpeyroux, lieu d'arrivée ou de partance, selon l'humeur, selon l'envie, mais toujours à l'extrémité de la route, et Chadieu, avec son parc et son château en ruine, l'Allier fera un bout de chemin à vos côtés._**

| |
|---|
| **2 h 30** |
| **balisage jaune** |
| **9 km** |
| **▼ 347 m - ▲ 490 m** |

MONTPEYROUX, village fortifié, fut sauvé des ruines et restauré à partir de 1957. Au Moyen Âge, sa position géographique permettait d'assurer la protection des Petites Limagnes. De Pardines à Parent en passant par Plauzat, La Sauvetat, les villages étaient avertis en cas d'attaque de l'ennemi, d'incendie ou d'inondation de l'Allier. On peut visiter le donjon du 13e siècle, le labyrinthe de murs d'enceintes et de passages voûtés dont les plus anciennes constructions datent de 1122. Ancien village vigneron, Montpeyroux possède aussi de très beaux exemples – plus récents – de ce type d'habitat.

**L'arkose :** c'est une roche sédimentaire (formée par dépôt) détritique (constituée de débris) claire, provenant de l'altération peu poussée et du démantèlement assez rapide des roches du socle cristallin (granitiques ou métamorphiques) auprès desquelles l'arkose est généralement située. Contrairement à l'arène, qui est une roche meuble (sableuse), l'arkose est une roche compacte dans laquelle les grains de quartz (60%), de feldspath (25%) et de micas sont liés par un ciment argileux (15%). Ces minéraux de taille variable, irrégulièrement classés, grossièrement lités, témoignent d'un déplacement fruste et court avant dépôt et compaction. De ce fait, l'arkose est une roche sédimentaire qui a un aspect souvent très proche des granites.
Elle fut beaucoup utilisée dans les constructions locales. Les carrières, dont une située à l'entrée de Montpeyroux, furent exploitées jusqu'aux environs de 1935.
*J.-J. PÉRICHAUD*

1. *Porche et statue de Notre-Dame du Cheix (copie). A proximité, syndicat d'initiative.*
2. *Donjon.*
3. *Maison du Vigneron.*
4. *Calvaire de la place du Chaume.*

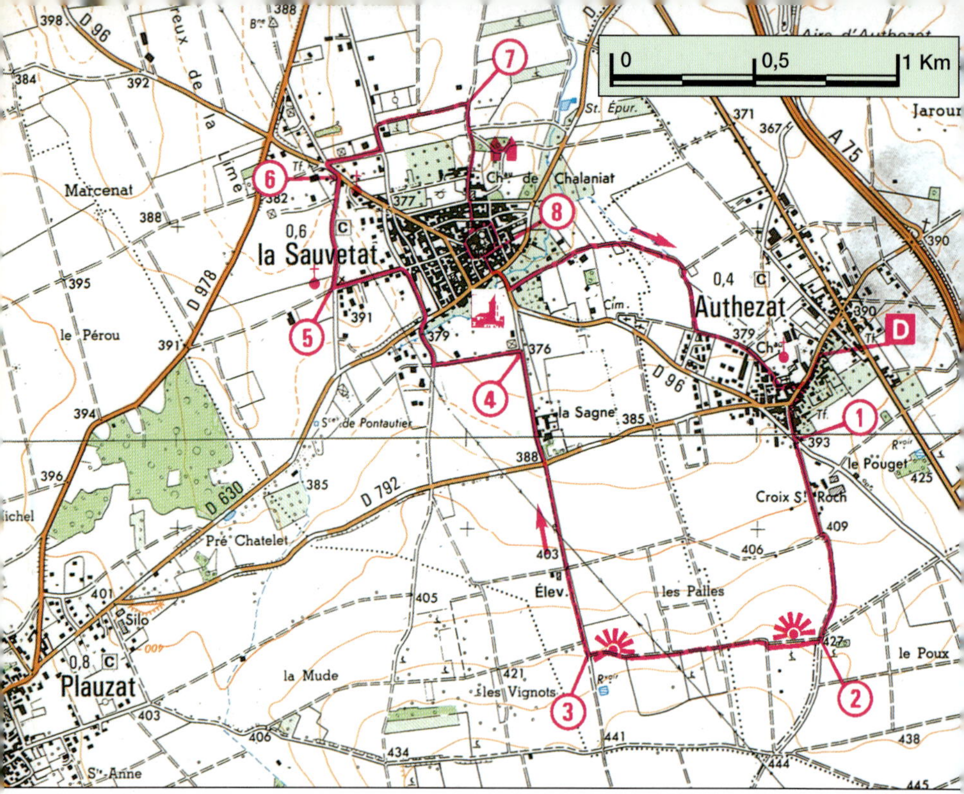


**D** Dans le village d'Authezat, de la D 797, prendre la rue Guyot-Dessaigne en direction de Plauzat. Se garer place de la Bascule à droite, partir en direction de Plauzat, puis prendre sur la gauche la rue du Coudert jusqu'à une croix. **1** La dépasser et suivre sur la droite le chemin des Pales. Contourner par la gauche une maison en ruine et monter. **2** A l'intersection suivante, prendre à droite un chemin herbeux. **3** Au carrefour en T près du château d'eau, tourner à droite et descendre en direction de La Sauvetat. Traverser la route et longer le domaine de La Sagne. **4** Peu après la borne d'incendie, tourner à gauche, puis prendre la première rue à droite qui mène à la D 96. La traverser et emprunter la rue du Chemin-Haut, puis la première rue à gauche au niveau du transformateur. **5** A hauteur d'une croix, prendre à droite et rejoindre la D 96. **6** L'emprunter à gauche sur 30 m. Prendre à droite la rue de Chalaniat, puis à gauche et de nouveau à droite le long du stade. **7** A l'intersection, tourner à droite et remonter la rue de Pranly qui mène au centre du bourg de La Sauvetat, place Chapitel. Suivre l'itinéraire «Visite des Forts» (cf. plan page 65). **8** On débouche place de l'Ormeau. Prendre la rue qui descend derrière la fontaine, puis la D 96 en direction d'Authezat sur 100 m environ. Emprunter à gauche le chemin des Fauconniers qui bifurque à gauche à l'entrée d'Authezat. Place de l'Église, suivre la rue des Courtes. Déboucher sur la rue Guyot-Dessaigne à proximité du parking.



*Authezat. -ND-*

**Voir et savoir** entre **2** et **3**, vue sur la plaine, le puy de St-Sandoux, la montagne de la Serre et le plateau de Corent entre **5** et **6**, deux croix, la 1re en arkose du 12e siècle, la 2e de 1436 • à Authezat, église des 11e et 14e siècles La Sauvetat, ancienne commanderie des Hospitaliers, visite guidée sur RDV (cf. carnet d'adresses page 92) Chalaniat entre **7** et **8** conservatoire de la vigne à Authezat (200 m après **1**, à la croix St-Roch) ; parcours fléché et panneaux explicatifs.

# LES FORTS DE LA SAUVETAT



## AUTHEZAT ■ LA SAUVETAT

**_Ici, la terre est nourricière : céréales, noyers et vignes impriment leurs figures géométriques dans la plaine. Les chemins sont les allées d'un grand jardin où il fait bon sentir le parfum des saisons. Et quand il parvient au cœur du village, le marcheur s'étonne de trouver là une telle forteresse puisant sa beauté dans son inutilité._**

**2 h 15**

**balisage jaune**

**7 km**

**▼ 369 m - ▲ 427 m**

VASTE plaine que bornent à l'ouest le puy de Saint-Sandoux, au sud l'entaille de la couze Chambon et à l'est l'Allier, tout en méandres au pied de Montpeyroux et Corent ; vaste plaine où le chemin trace des lignes droites entre les champs. A peine quelques noyers viennent-ils rompre la géométrie du damier de céréales. D'aucuns diront que dans ces Petites Limagnes, le pas est monotone, que tout est figé dans une rectitude immuable. C'est sans doute là l'attrait de ce paysage. Sa mobilité, subtile à percevoir, ne s'exprime pas dans l'espace, mais dans le temps. Il faut voir muer ce pays au fil des saisons. Parcourez-le plusieurs fois et il vous apparaîtra différent, peut-être plus que tout autre. Nul endroit ne vous semblera aussi accueillant que cette plaine où l'homme et la terre vivent à un même rythme, enracinés dans la vie.

LA SAUVETAT était traversée par le Chemin Français (une des routes Paris-Montpellier) qui, d'après certains archéologues, aurait pu reprendre le tracé d'une ancienne voie romaine. Était-ce une étape de pèlerins ? Nous n'en avons aucune preuve, mais la situation géographique particulière, la présence d'un couvent de Bénédictines dès le 12e siècle et des Hospitaliers plus tard permettent de retenir cette hypothèse. Les Hospitaliers ont fortifié la place. Au noyau initial composé d'une tour carrée, d'une chapelle romane et d'un petit château, ils ont ajouté une tour ronde et deux lignes de remparts entourés de fossés.

Pendant la guerre de Cent Ans et les guerres de Religion, les petites «loges» construites à l'intérieur de ces remparts servirent de refuge aux villageois.
Ces petits bâtiments trouveront tout naturellement une affectation agricole, viticole surtout, lorsque les remparts ne constitueront plus une défense efficace.
Mais la crise de la viticulture et l'évolution de l'agriculture (on est passé du vin aux céréales) ont conduit à l'abandon progressif des bâtiments, un ensemble de 7 000 m² qui se dégrade peu à peu. L'association des Amis de la Commanderie mène, avec la municipalité, une action de réhabilitation de ce patrimoine et propose des visites et des expositions à la Maison des Forts.

*LES FORTS DE LA SAUVETAT*

*Sens de visite des forts*

*Eglise : Vierge du 13e siècle* — *Donjon du 13e siècle*

*Maison Vaudel 15e- 16e siècle* — *Maison des Forts*

*Vue depuis l'escalier du donjon. -ND-*

*Une des portes de l'enceinte et le donjon de La Sauvetat. -ND-*

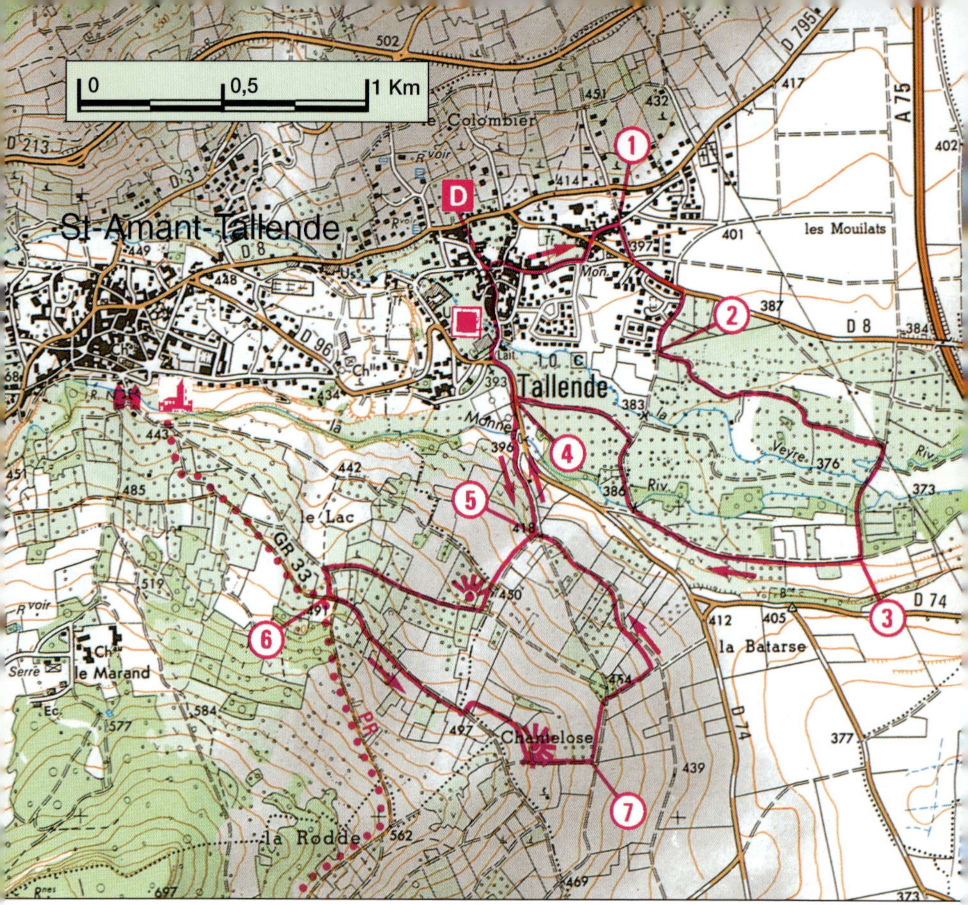


**Respectez cultures et vergers.** **D** Sur le parking, place de l'Église à Tallende. Continuer par la rue des Fours, puis encore tout droit par la rue des Écoles. Après le groupe scolaire, tourner à gauche dans la rue Émile-Paillier. Traverser la route et continuer en face. Passer devant le puits et suivre la rue qui oblique à droite. **1** Descendre à droite face à la rue du Parc. Rejoindre la route. La prendre à gauche sur 250 m. Avant le panneau de sortie de Tallende, descendre à droite vers le lotissement des Vergers. Longer celui-ci. **2** Au niveau d'un hangar (pépinières) sur la droite, tourner à gauche dans un bon chemin. Il serpente dans les plantations de pommiers. Au carrefour en T, prendre à droite. Traverser la Veyre. A la fourche, bifurquer à gauche et traverser la Monne. **3** Au carrefour en T, face à la pente, tourner à droite. Laisser un chemin à droite. Tourner à droite au niveau d'une cabane et traverser la Monne. Virer à gauche juste avant que le chemin ne traverse la Veyre. Rejoindre la route. **4** La prendre à gauche. Franchir le pont sur la Monne et monter par le chemin sur la droite. **5** Au premier embranchement, monter à droite vers le noyer. A la fourche suivante, continuer à monter sur la gauche. Au carrefour en T, tourner à droite. Dans la descente, plus loin, monter par un chemin sur la gauche. **6** Au carrefour dans la côte, tourner à gauche **(point commun avec la PR jaune du Puy de Peyronère)**. Au niveau d'une entrée de pré (barrière) sur la droite, prendre un sentier herbeux qui descend à gauche sous un cerisier, puis vire à droite et suit une courbe de niveau. Il descend ensuite à gauche. **7** Au carrefour en T, tourner à gauche. A la fourche au milieu des acacias, descendre à droite. Au carrefour dans la pente, prendre le chemin à gauche en direction de Tallende. On rejoint le point 5. Descendre à droite jusqu'à Tallende. Au carrefour près du panneau d'information de Tallende, passer à droite devant la laiterie et continuer tout droit jusqu'à l'église.



**Voir et savoir** entre **5** et **6**, vue sur la montagne de la Serre, Tallende, Le Crest, Veyre-Monton, le puy St-Romain, le puy de Corent, Buron, la Comté • avant **7**, même vue, à laquelle s'ajoutent Montpeyroux et son donjon, le Lembron et le pic d'Ysson, le puy de St-Sandoux ■ avant l'arrivée, porte sculptée dans une tour gallo-romaine.

**A proximité** vieilles maisons à St-Amant-Tallende • pont sur la Monne de St-Amant-Tallende et de St-Saturnin ($14^e$-$15^e$ siècles) à proximité, belle église romane à St-Saturnin observations des migrations d'oiseaux au promontoire de la Serre (L.P.O., adresse page 92).

# LES VERGERS DE TALLENDE

## TALLENDE ■ SAINT-AMANT-TALLENDE

La Veyre près de Tallende. -MA-

| |
|---|
| 2 h 30 |
| balisage jaune |
| 8,5 km |
| ▼ 375 m - ▲ 497 m |

***Depuis l'église, un bel édifice en arkose, l'itinéraire se déroule dans le village avant de gagner les vergers qui fleurissent entre la Veyre et la Monne, deux rivières jumelles qui jouent avec leur ressemblance et trompent le marcheur inattentif. Lorsque, lentement, le chemin s'élève et s'arrondit au flanc de la pente, le regard porte au-delà de la plaine de Limagne, vers Montpeyroux et les monts du Livradois.***

LES VALLÉES DES BASSES COUZES ouvertes sur l'Allier sont le domaine de prédilection des pommiers. Abritées, arrosées, pourvues d'un sol riche, profond et perméable hérité des dépôts d'alluvions volcaniques, elles offrent les conditions idéales à une production abondante.
Les rivières sont canalisées pour permettre l'irrigation des vergers durant les périodes chaudes. Leurs eaux, si précieuses, étaient autrefois réparties entre les propriétaires selon des règles très anciennes, grâce à un système de rigoles creusées dans le sol.
Dès le 18e siècle, ces vallées produisaient des pommes transportées à Paris par voie d'eau. On cultivait alors la Reinette du Canada, appelée aussi Canada d'Auvergne, pomme de couleur verdâtre à la joue lie-de-vin et à la chair blanche.
Depuis une quarantaine d'années, de nouvelles variétés sont apparues telles que Starkimsons, Golden delicious, et plus récemment Delbard estivale, Reine des Reinettes, Jonagolds, Reinette grise du Canada...
Ces évolutions induisent à des modifications dans la conduite des vergers, les arbres de haute tige ou de plein vent (tronc de 1,5 à 2 m) étant remplacés par des haies fruitières ou des arbres de demi-tiges (50 cm), plus faciles à entretenir et plus accessibles pour le cueilleur.

## LA VALLÉE DE LA VEYRE ET DE LA MONNE

**Un exemple classique d'inversion du relief en bordure de Limagne**

*Une coulée de lave visqueuse s'écoule selon la ligne de plus grande pente, et emprunte, de ce fait, le lit d'une vallée existant à l'époque Ⓐ (3,4 Ma).*

*Les eaux qui coulaient dans la vallée reprennent leur action érosive en creusant latéralement deux nouvelles vallées placées de part et d'autre de la coulée de lave, plus résistante à l'érosion.*
*Le niveau de la plaine sédimentaire s'abaisse de plus en plus et la butte calcaire couronnée de basalte fait de plus en plus saillie (plateau de la Serre).*

*Dans les nouvelles vallées latérales, les coulées volcaniques plus récentes peuvent tapisser le fond de la vallée.*
Ⓑ Coulée basaltique de la vallée de l'Auzon (60 000 ans).
Ⓒ Coulée basaltique des puys de La Vache et Lassolas (8 000 ans).

*D'après Jean-Jacques PÉRICHAUD*

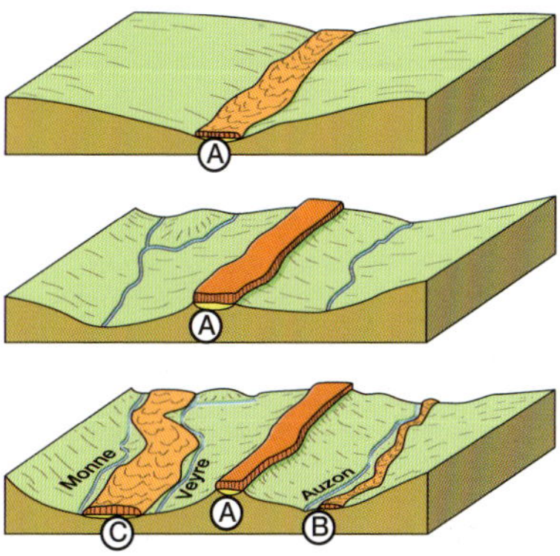


La Dépêche scientifique du Parc, *n° 8/9, mars 1995 (d'après A. De Goer - 1985)*

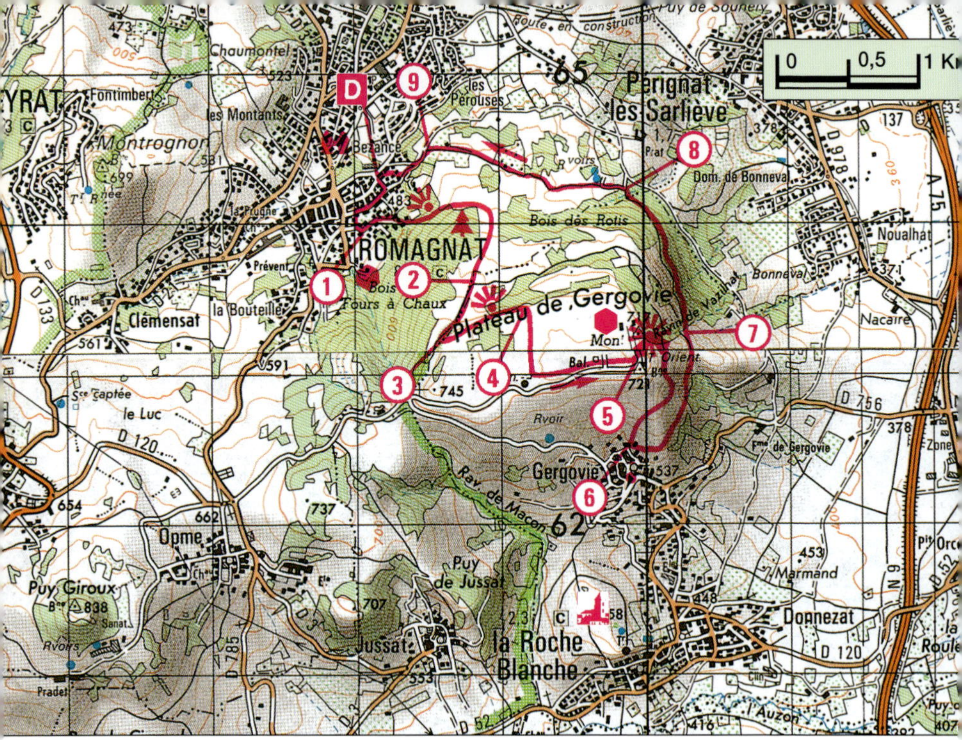


**D** Avenue de la République, dans la cour de la mairie de Romagnat. Monter par la rue des Caves qui part en face de la mairie. Tourner dans la deuxième rue à droite, la rue de la Treille, puis prendre à gauche l'allée André-Guinard, qui permet de rejoindre la rue des Fours-à-Chaux, en contournant le centre social par la droite. **1** Monter à gauche la rue des Fours-à-Chaux, qui devient un chemin et monte dans le bois des Fours à Chaux. **2** Le sentier rejoint un chemin ; l'emprunter en montant tout droit **(raccourci à gauche permettant de rejoindre le point 7. Longueur du circuit 6,5 km - 2 h 30).** **3** A la hauteur d'une entrée de pré à droite, monter par une sente à gauche qui débouche rapidement sur le chemin qui évolue en rebord du plateau. Suivre celui-ci sur la gauche. **4** Prendre le premier chemin à droite, dit «le Chemin de la Croix» ; il traverse le plateau du nord au sud et rejoint la route. Passer devant le monument des Fusillés à gauche et longer la route jusqu'à la table d'orientation. **5** Descendre la petite sente qui part en dessous de la Maison de Gergovie. On rejoint un sentier plus large. Au carrefour, prendre le chemin herbeux qui descend presque en face vers le village de Gergovie. **6** Aux premières maisons, remonter un chemin sur la gauche, puis passer près d'une croix et continuer par un chemin plus large qui longe le plateau. **7** A la fourche, descendre à droite en direction du domaine de Prat. **8** A l'intersection suivante (réservoirs), prendre à gauche un chemin caillouteux. Continuer tout droit. Le chemin descend ensuite sur Romagnat. **9** Au carrefour, descendre à gauche. Puis, à la croix, à droite, poursuivre la descente par un sentier longeant une vigne ; il devient l'impasse des Cerisiers et ramène au départ.

**Voir et savoir** après **1**, vue sur Romagnat et Montrognon • après **3**, sur la chaîne des Puys et l'agglomération clermontoise • en **5**, à la table d'orientation, panorama sur Cournon, la vallée de l'Allier, les monts du Forez et la Comté, le village de Gergovie, la montagne de la Serre et la butte du Crest église de Gergovie (14e siècle) en **D**, château de Bezance et son parc, construction du 19e siècle entre **2** et **3**, ancienne exploitation de chaux • en **5** Maison de Gergovie.

**Infos pratiques** entre **1** et **2** • entre **7** et **8**.

**A proximité** La Roche-Blanche : habitations troglodytiques, tour.

*Vue sur Le Crest, et, à gauche, la tour de La Roche-Blanche. -PE-*

# LE PLATEAU DE GERGOVIE



## ROMAGNAT ■ LA ROCHE-BLANCHE

***Un coin d'Auvergne célèbre, à découvrir ou à redécouvrir d'une manière originale, par des chemins de traverse révélant toutes les facettes historiques, géographiques, géologiques et esthétiques du site. Le marcheur pourra même apercevoir l'antre d'un artiste alchimiste : Yves Guérin.***

**3 h 30**
**balisage jaune**
**9,5 km**
**▼ 470 m - ▲ 740 m**

Du CHÂTEAU de Bezance, cédé en 1975 à la municipalité de Romagnat qui en a fait sa mairie, le chemin s'élève vers les premières déclivités du plateau de Gergovie.

Dans la rue des Fours-à-Chaux, un puits d'aération signale discrètement la présence d'une cave souterraine à flanc de coteau. Ces caves dissociées des maisons d'habitation étaient nombreuses à la périphérie de Clermont (cf. page 71).

Plus loin, une tour se dresse tel l'ultime donjon de la ville. C'est en fait celle d'un four à chaux, dont l'activité s'est maintenue jusqu'en 1970.

On pénètre ensuite dans les bois qui escaladent les pentes, pour émerger là-haut, sur le plateau de Gergovie, vaste «pont de navire» où flânent les promeneurs et claquent les cerfs-volants. En ce lieu inhabité, le vent vous apportera l'écho du fracas de cette grande bataille qui donna son nom au site. Les amateurs d'archéologie pourront admirer les vestiges des monuments mis au jour par des fouilles successives : temple, remparts, fosses, citernes. La Maison de Gergovie, écrin des découvertes archéologiques, retrace notamment l'histoire de la célèbre bataille grâce à un diaporama. Elle présente également la géologie du site et sa flore originale.

### A GERGOVIE, DEUX FORMES DE VOLCANISME SE CHEVAUCHENT.

Le plateau de Gergovie est formé par une coulée d'un basalte récent (± 0,5 Ma) venu de l'ouest.
L'itinéraire descend d'abord cette dalle résistante, formant une petite falaise (A), pour traverser ensuite un niveau de sables argileux lacustres blanchâtres (B).
Au-dessous, avant le coude du chemin (C), on rencontre l'ensemble complexe des formations pépéritiques de l'appareil volcanique ancien (de - 20 à - 5 Ma). Le puy Mardoux, dégagé par l'érosion, en est la manifestation la plus visible actuellement. Le chemin en fait la coupe du sud au nord (après C).
Ces formations constituées de sédiments lacustres et de pépérites sont localement traversées par des intrusions de lave d'extension limitée. *J.-J. PÉRICHAUD*

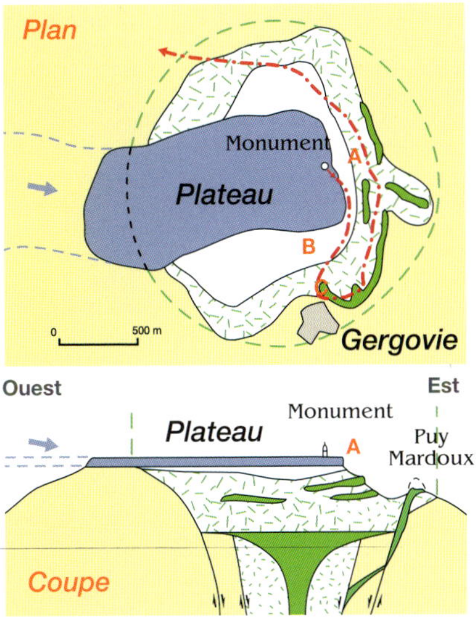


*(D'après R. Michel, 1953 et A. de Goer, 1991)*

- Itinéraire
- Limite du domaine du volcanisme pépéritique ancien et de sa cuvette lacustre
- Ensemble pépéritique complexe — VOLCAN ANCIEN
- Pépérites franches «poivrées» — VOLCAN ANCIEN
- Intrusions de lave — VOLCAN ANCIEN
- Substratum marno-calcaire de Limagne
- Sédiments argilo-sableux lacustres
- Coulée basaltique du plateau — VOLCAN RÉCENT

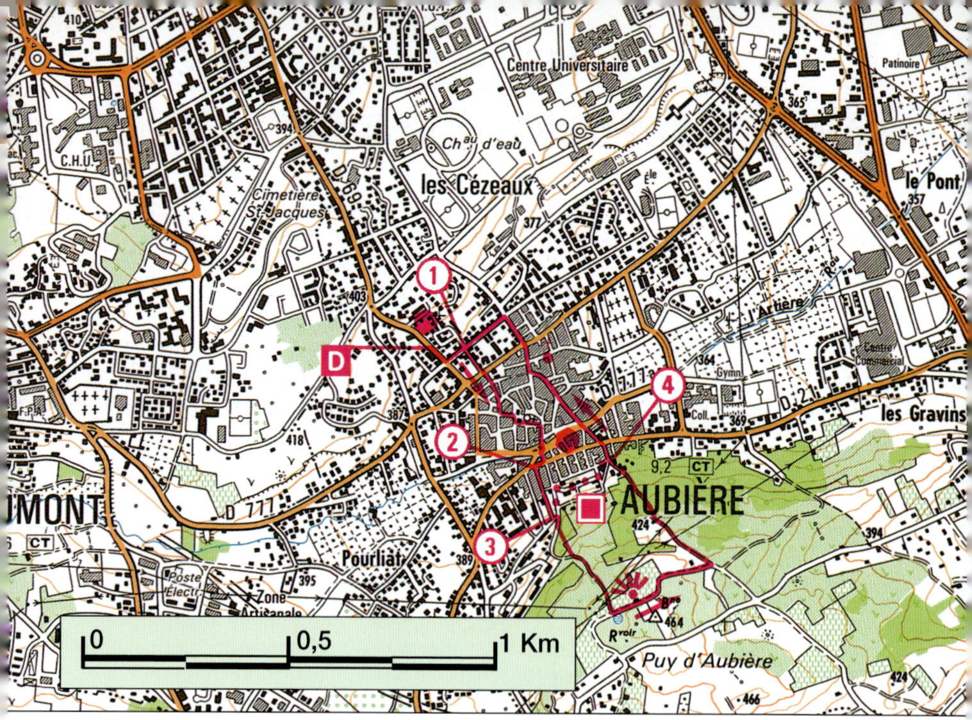


**D** Sur le parking du musée de la Vigne et du Vin, 24bis, avenue Jean-Noellet, à Aubière. Descendre la rue à gauche en direction du centre-ville. Tourner à gauche dans la rue du Docteur-Casati. **1** Prendre ensuite la première rue à droite : la rue Forest. Traverser une rue et continuer tout droit en direction de l'hôtel de ville. Le longer sur la droite, puis tourner à gauche en direction de l'église. Obliquer à droite dans la rue Côte-Blatin, le long du square Combette. Suivre cette rue, puis tourner à droite devant la charcuterie, rue Voltaire. On rejoint la place des Ramacles. **2** Traverser la rue des Ramacles. Passer devant Éco-Services, puis à gauche devant l'hôtel-restaurant de la Potinière. Prendre à droite la rue de Romagnat, puis à gauche la rue de la Gaité. En haut de la côte, tourner à gauche. **3** Monter de suite à droite **(raccourci : descendre à gauche, puis tourner dans la rue à droite devant les premières maisons. Au bout de la rue, descendre à gauche. On rejoint le point 4 - durée : 1 h - longueur : 2 km).** A 20 m, monter par un sentier tout droit entre les caves. On rejoint la route. Continuer à monter jusqu'aux réservoirs. Tourner à gauche et garder ce chemin jusqu'à une croix. Descendre à gauche sur Aubière. **4** Continuer à descendre par la rue de Pérignat. Traverser la rue Chambon et obliquer sur la gauche dans la rue de la République. Traverser la rue des Moulins, continuer par la rue de la République, puis rue Saint-Antoine. Tourner à droite rue du 4-Septembre. Traverser la rue des Foisses et continuer tout droit rue Pasteur. Tourner à gauche rue du Docteur-Casati pour rejoindre le point 1 et revenir au parking par le même itinéraire.

**Voir et savoir** du puy d'Aubière, vue sur l'agglomération, la chaîne des Puys, les côtes de Clermont après **4**, croix Saint-Antoine maisons typiques de l'habitat vigneron au 19e siècle à Aubière • entre **3** et **4**, quartier des caves en **D**, musée de la Vigne et du Vin de basse Auvergne (cf. page 92).

**Infos pratiques** fromages affinés dans les caves d'Aubière.

**A proximité** menhir, rue des Sauzes marchés tous les dimanches matin.

*Aubière au temps où les vignes occupaient les pentes du plateau des Cézeaux. -AM/CDPE-*

# LE QUARTIER DES CAVES



***Un petit circuit à la découverte du passé vigneron d'Aubière. Après l'enchevêtrement des maisons vigneronnes et le quartier des caves, le chemin monte au puy d'Aubière. Une balade à compléter bien sûr par la visite du musée de la Vigne et du Vin de basse Auvergne.***

**1 h 30**
**balisage bleu**
**3 km**
**▼ 360 m - ▲ 460 m**

Au 19e siècle, à l'apogée du vignoble auvergnat, Aubière est une des plus importantes cités vigneronnes de la région. Sur les 730 hectares que compte la commune, 500 sont consacrés à la vigne et les 3 000 habitants d'alors vivent directement ou indirectement de cette activité.

Dans toutes les rues du centre ancien se dressent des maisons vigneronnes reconnaissables à leur cuvage qui s'ouvre en plein cintre sur la rue. On remarquera les balcons de fer forgé alignés sur toute la longueur de la rue Chambon. Ils sont l'apanage de vastes demeures appartenant aux vignerons les plus prospères. Rue de la Gaité, toutes les maisons présentent les mêmes composantes architecturales : le cuvage est surmonté d'un étage réservé à l'habitat, auquel on accède par un escalier et un perron couvert d'un auvent ; jouxtant le cuvage, une écurie abritait les chevaux utilisés pour les travaux viticoles.

Plus haut, commence l'étonnant quartier des caves, avec ses innombrables buttes gazonnées, surmontées de cheminées, tels les périscopes de sous-marins d'un genre nouveau ou les trompes d'insolites animaux souterrains.

Ces caves creusées dans les marnes couvrent 3,5 hectares. Après l'édification d'un coffrage de chaux, de sable et de pierres, elles ont été recouvertes avec de la terre d'extraction.

*«L'étonnant quartier des caves d'Aubière.» -PE-*

Une rampe d'accès d'une vingtaine de marches mène à un couloir qui dessert plusieurs alvéoles.

Après le déclin de la vigne, au milieu du 20e siècle, elles furent utilisées comme caves à fromage, mais cela n'a pas suffi à les maintenir en état. Une opération de réhabilitation menée par la municipalité d'Aubière a déjà permis d'en restaurer l'extérieur. Cette opération trouve un légitime prolongement dans l'aménagement récent du musée de la Vigne et du Vin.

LE MUSÉE DE LA VIGNE ET DU VIN DE BASSE AUVERGNE. Dans le Puy-de-Dôme, depuis plus de quinze siècles, on cultive la vigne au pied des volcans. Un musée installé à Aubière en raconte l'histoire. Il expose et met en scène les objets et les savoir-faire des vignerons auvergnats, depuis la fin du 19e siècle jusqu'à l'après-guerre.

Sous les voûtes magnifiques de la «cave-à-Madame», qui fut la cave de l'ancien château d'Aubière, il allie la belle exigence des espaces d'exposition au secret du cuvage et des caves, retrouvé par la lumière et par les mots.

Outil pédagogique, témoin de la tradition et du renouveau viticoles, le musée de la Vigne et du Vin est une invite à découvrir les produits, les paysages et le patrimoine architectural du vignoble de basse Auvergne.

*L'entrée du musée 24bis, avenue Jean Noellet à Aubière. -PE-*

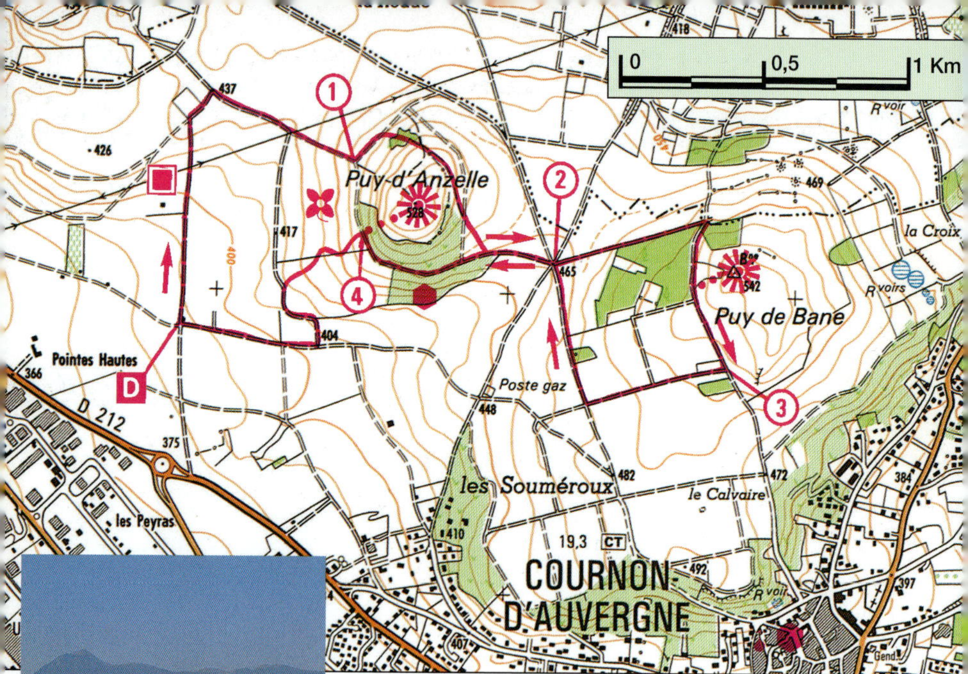

*Du chemin, vue plongeante sur Clermont-Ferrand avec, en premier plan, le parc technologique de La Pardieu. -PE-*

Accès au point de départ : de la D 212, à l'entrée de la zone industrielle de Cournon, direction Billom, à gauche après le deuxième rond-point. Faire 300 m dans le chemin.

**D** Sur le parking, au départ du sentier botanique. Monter tout droit. A l'intersection, prendre le chemin à droite qui monte en direction du puy d'Anzelle. **1** Au carrefour en T, tourner à gauche. A la fourche, monter à droite. Contourner le puy. On rejoint un chemin ; l'emprunter à gauche jusqu'au carrefour. **2** Continuer tout droit le long du bois. A la fourche, tourner à droite. Traverser le bois, longer des champs. **(Hors circuit : à gauche, puy de Bane, panorama.)** **3** Prendre à droite le chemin fléché «Parcours de Santé». Au carrefour, tourner à droite et rejoindre le point 2. Revenir en direction du puy d'Anzelle par le même chemin (deuxième à gauche). Contourner le puy tout droit. **4** **(Hors circuit : monter à droite par un sentier entre deux bancs au sommet du puy d'Anzelle ; beau panorama.)** Descendre à gauche par le sentier botanique qui serpente et rejoint un chemin au-dessus des vignes. Le prendre à gauche, puis à droite pour rejoindre le parking.



## COUPE THÉORIQUE D'UN APPAREIL VOLCANIQUE PÉPÉRITIQUE TEL CELUI D'ANZELLE

Les pépérites sont un mélange de granules de lave (en forme de grains de poivre) et de sédiments lacustres intra-cratériques (voir «Les pépérites» p. 13).

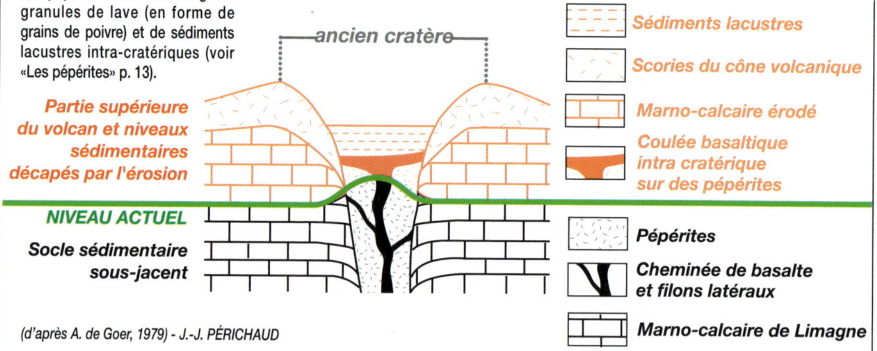


(d'après A. de Goer, 1979) - J.-J. PÉRICHAUD

# LES COTEAUX DE COURNON

## COURNON

*Sur le site protégé, de beaux papillons. -GG-*

***Un petit itinéraire à ciel ouvert sur des coteaux dévoilant villes et villages alentour et leurs puys. Il permet de découvrir la flore exceptionnelle des lieux en empruntant une partie du sentier botanique créé par la municipalité de Cournon.***

**2 h 00**
**balisage bleu**
**6,5 km**
**▼ 387 m - ▲ 528 m**

SUR les coteaux de Cournon, histoire de la nature et histoire de l'homme sont très intimement liées. Les pentes sèches et ensoleillées ont été cultivées en vigne jusqu'au début du siècle. La présence de nombreux arbres fruitiers plus ou moins sauvages fait partie de l'héritage d'un passé de cultures. Les Anciens de Cournon se rappellent du dernier troupeau de moutons encore présent dans les années 1950.

Ces utilisations intensives du territoire ont accentué la pauvreté et la sécheresse du sol et ont contribué à créer un milieu ras et ouvert dans lequel se plaît une flore particulière. De nombreuses plantes rares, comme l'Astragale de Montpellier, y trouvent une de leurs seules stations en Auvergne. L'infinie variété des micromilieux (comparez les Vaugondières, le bas et le sommet du puy d'Anzelle) contribue à cette diversité.

Après le remembrement de 1986 qui a profondément bouleversé le site, une prise de conscience de la valeur de ce patrimoine naturel et culturel a amené la municipalité à acquérir les principales parcelles. Un arrêté de protection de biotope a été pris. La gestion en a été confiée à la L.P.O. Auvergne qui y travaille avec les services municipaux.

Une plantation variée de feuillus, réalisée par l'ONF, reconstituera la végétation originelle, une forêt à base de chênes pubescents. Sur le reste de la zone, l'objectif principal est le maintien des pelouses calcicoles spécifiques. Pour cela, l'extension rapide des prunelliers et des robiniers, arbres introduits et donc peu hospitaliers pour la flore et la faune locales, est freinée par un débroussaillage manuel. De gros efforts sont faits en outre pour cicatriser les blessures d'érosion dues à la fréquentation des 4x4, motos et VTT. Un sentier botanique, avec un guide explicatif, met en valeur le site pour les promeneurs. Façonné par l'homme d'hier et d'aujourd'hui, témoin d'un patrimoine culturel, refuge pour une flore et une faune menacées, espace d'évasion pour les habitants de l'agglomération, ce bout de nature a une fonction essentielle dans le contexte périurbain cournonnais. L.P.O.

*L.P.O. : 2bis, rue du Clos-Perret - 63000 Clermont-Ferrand. Tél. 04 73 36 39 79.*

*Hélianthèmes des Apennins. -GG-*

**Voir et savoir** vue panoramique tout le long du circuit • du puy d'Anzelle, vue sur Clermont-Ferrand, la chaîne des Puys, la Limagne, les monts du Forez, le puy de Mur, la Comté, le Cézalier, le massif du Sancy, le plateau de Gergovie ▣ tonnes entre **D** et **1** sentier botanique entre **D** et **1**, **4** et **D**, guide explicatif édité par la ville de Cournon et la L.P.O. (cf. carnet d'adresses page 92).

**Infos pratiques** **VTT non autorisé dans la zone d'arrêté de protection de biotope.**

**A proximité** vue panoramique depuis le sommet du puy de Bane église romane de Cournon à Cournon : kayak, base de delta, aéromodélisme, plan d'eau.

# LES HAUTS DE L'ALLIER

## PÉRIGNAT-SUR-ALLIER

1 h 30
balisage bleu
6,5 km
▼ 330 m - ▲ 387 m

***Surveillé par des châteaux perchés, ceux de Saint-Bonnet-ès-Allier, Coppel, Busséol ou les ruines du gros Turluron, un itinéraire au fil des sillons qui guident le regard vers des confins escarpés. Une balade à prolonger par une flânerie dans les villages alentour : Pérignat, Mezel, Dallet ou Mirefleurs.***

*Un arbre solitaire non loin de la voie romaine. Une borne milliaire de 10 pieds (3,30 m) de haut, aujourd'hui au musée de Moulins, se dressait sur la place du village. -MA-*

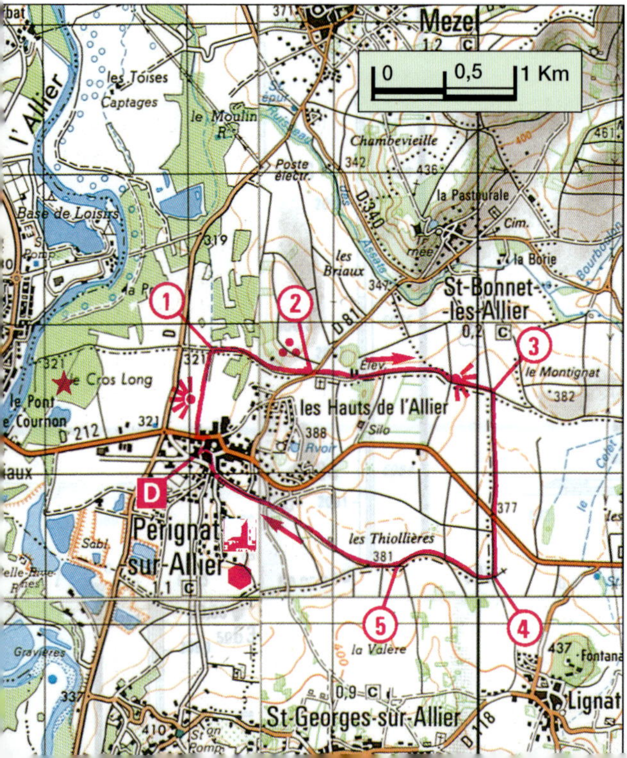


**D** Place de l'Église ou place Onslow à Pérignat. Descendre devant la mairie. Prendre à droite la rue du Moulin. Descendre au lavoir par les escaliers à droite. Continuer à gauche par la grande rue jusqu'au niveau d'un grand parking à droite. Le traverser. A la fourche, au fond du parking, poursuivre sur la droite. **1** Au carrefour, monter à droite et rejoindre la route. **2** La traverser. Passer devant le cimetière puis entre deux hangars et continuer tout droit. **3** Après une légère montée, à un carrefour au milieu des champs, tourner à droite. On rejoint la route (D 212) vers un pylône électrique ; la traverser et continuer tout droit. Laisser un chemin à droite. **4** Au carrefour, prendre à droite, puis poursuivre tout droit. **5** On rejoint un chemin. Le prendre à droite. A la fourche suivante, laisser un chemin herbeux sur la gauche. Continuer sur la droite jusqu'à Pérignat. Entrer dans le village par la rue de la Résistance, tout droit le long des lotissements. Emprunter à droite la rue du Gazou, puis à gauche la rue des Rochers et rejoindre la place de l'Église en passant sous le porche à droite.

**Voir et savoir** avant **1**, vue sur le massif du Sancy, le plateau de Gergovie, la chaîne des Puys, Cournon, le puy de Bane • entre **2** et **3**, vue sur le puy de Mur, le château de Saint-Bonnet puis sur le puy Benoît, les 2 Turlurons, les monts du Forez, la Comté, les ruines de Coppel, Busséol entre **1** et **3**, voie romaine reliant la vallée du Rhône au puy de Dôme Pérignat : maisons vigneronnes, église du 12e siècle, classée. Ancien port sur l'Allier à l'époque gallo-romaine fête de l'Épouvantail à Pérignat, début juin.

**A proximité** ★ rives de l'Allier, ancien chemin de halage. Busséol (12e siècle) nombreuses sources dont la source intermittente des Gargouillères à Lignat.

# LE TOUR DU PUY DE MUR

**VERTAIZON ▪ DALLET ▪ MEZEL**



***L'itinéraire s'enroule autour du puy de Mur et l'horizon s'ouvre au fil du chemin ; des méandres de l'Allier, le regard porte jusqu'à la chaîne des Puys en même temps qu'il voit défiler le passé : ici un château féodal, là une église romane, sur les pentes, les vestiges de l'ancien vignoble de basse Auvergne.***

**3 h 30**

**balisage jaune**

**11,5 km**

**▼ 360 m - ▲ 510 m**

**D** Sur le parking à la fontaine d'Errant, sur la D 4, à l'entrée ouest de Vertaizon. Entrer dans le village par la rue de la Croix de l'Aire-Basse. Prendre à droite la rue des Noyeraies, puis la rue Marchadial à gauche. En haut des escaliers, tourner à droite dans la rue de l'Ancienne-Église. Aller jusqu'en haut. **1** Traverser l'esplanade, puis longer le mur du parc. Prendre à droite la rue qui descend et encore à droite le chemin entre les jardins. On rejoint une route que l'on remonte sur 50 m à gauche. **2** Emprunter le grand chemin à droite ; le suivre jusqu'à la route. La traverser et continuer tout droit. A la sortie du petit bois, tourner à droite, puis immédiatement à gauche. Continuer jusqu'à la route. **3** L'emprunter en montant sur 50 m. Prendre ensuite un chemin herbeux à droite qui descend et se prolonge jusqu'aux premières maisons de Dallet et au château d'eau **(hors circuit : visite de Dallet - 700 m A/R - 15 mn)**. **4** Au réservoir, prendre le chemin qui monte à gauche ; le suivre presque tout droit. A Mezel, poursuivre par la rue Porte-Béranger. **5** Au carrefour (croix de pierre), sans traverser, prendre à gauche, puis immédiatement à droite. Suivre le chemin à mi-pente et retrouver la route à droite. **6** Sans la traverser, emprunter à gauche le chemin de Sainte-Marcelle. A la ferme, descendre à droite, passer devant la petite chapelle et rejoindre tout droit la D 4. La prendre à droite pour retrouver le départ.

*Vertaizon. -MA-*

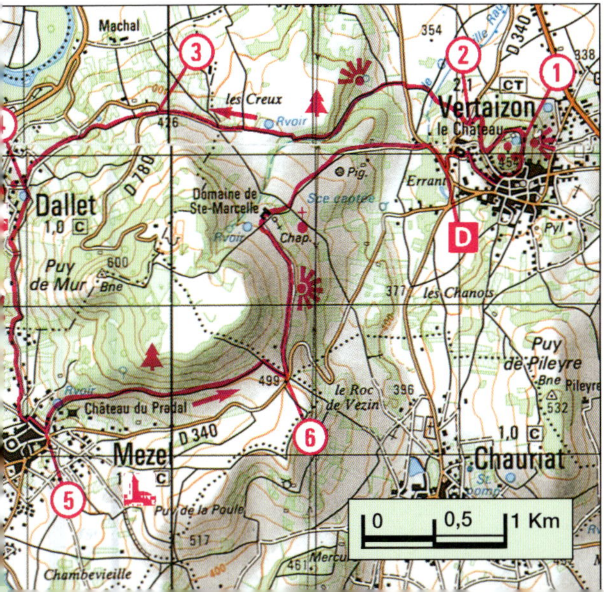


**Voir et savoir** ☼ en **1**, sur la Limagne, les monts du Livradois et du Forez • nombreux points de vue entre **2** et **3**, sur la Limagne et le nord de Clermont-Ferrand • entre **4** et **5**, sur l'Allier, Cournon et la chaîne des Puys • entre **6** et **D**, sur Vertaizon, le Livradois, les Turlurons ♣ en **1**, esplanade de l'ancien château féodal • ancienne église paroissiale (12e-14e siècles) ✝ entre **6** et **D**, chapelle Ste-Marcelle • pigeonnier ▣ Mezel : bourg intéressant, église romane, château (12e-16e siècles).

**Infos pratiques** ▲ entre **2** et **3** • entre **5** et **6** (en bordure).

**A proximité** ▣ hors circuit en **4**, Dallet, ancien bourg fortifié avec cave et dégustation au «Caveau de Loup».

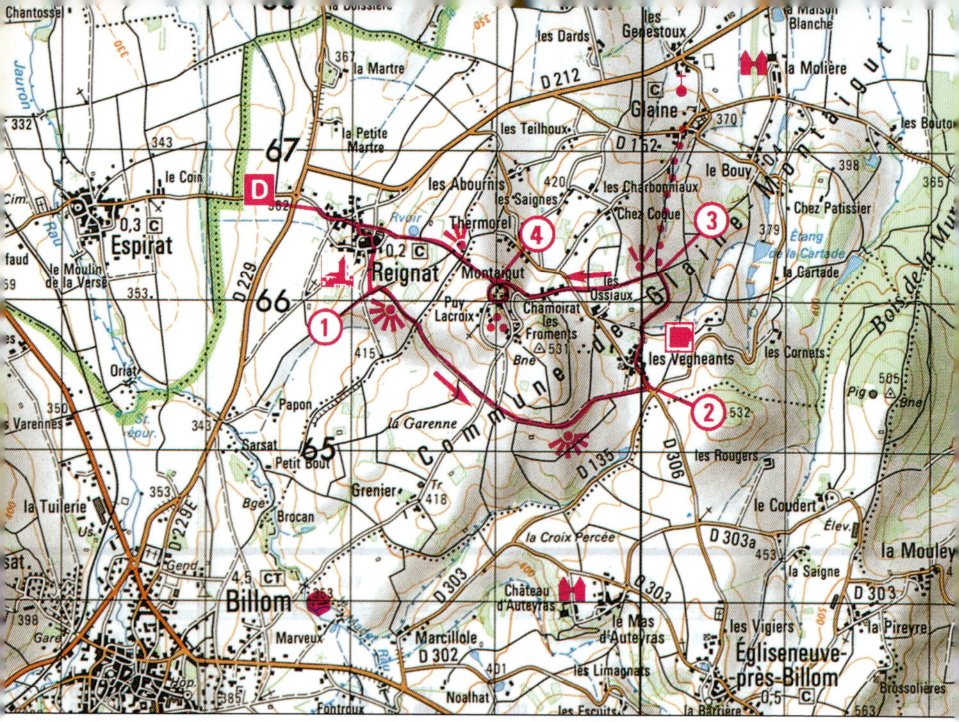

*Maison bloc des Ossiaux composée d'une étable ou d'un cuvage, d'un logis et d'un pigeonnier au dernier étage. L'accès au logis se fait par un escalier extérieur, protégé par un petit avant-toit. -IG-*

*Ci-contre, ferme des Vegheants du début du 19e siècle, autre type d'habitat de la région. Une génoise, en avancée, souligne la base du toit. -IG-*

Parking à l'entrée ouest de Reignat, près du local «Point Propre». Entrer dans le village et gagner le point de départ.

**D** Place du Puits. Passer à droite de la grande place en forme de triangle, puis devant le lavoir et monter. A la fourche près de la fontaine, prendre à gauche, puis monter encore. Passer sous le porche à droite pour entrer dans le fort. Ressortir vers l'église. Passer devant la croix, puis prendre à droite un chemin de terre. **1** Au carrefour, prendre à gauche. A la fourche, continuer à droite. Suivre ce chemin tout droit jusqu'à la route qui mène au hameau des Vegheants. **2** La prendre à gauche. Entrer dans le hameau. Tourner dans une rue à droite, sur la gauche d'une grande maison en retrait. Au carrefour en bas du village, continuer tout droit. Laisser un chemin sur la droite et un sur la gauche. **3** Au croisement suivant **(hors circuit : continuer tout droit pour visiter le village de Glaine - 2 km A/R - 40 mn)**, prendre à gauche et continuer tout droit jusqu'à la route. La prendre à droite, puis emprunter la première à gauche. Traverser Chamoirat. Dans le virage, dans la côte, suivre le petit chemin à droite. **4** Au carrefour, tourner à gauche, puis continuer à monter par la route jusqu'aux vestiges du château. Redescendre au point 4 par un chemin à droite dans les arbres. Au croisement (4), descendre à gauche. A la fourche, continuer à gauche, puis tout droit jusqu'à Reignat. Passer le long du cimetière et rejoindre le parking.

# LA BUTTE DE MONTAIGUT

## REIGNAT ■ GLAINE-MONTAIGUT

REIGNAT, dès les premiers pas, offre au regard la beauté de son architecture : des constructions denses et harmonieuses, des murs d'arkose blonde et des tuiles creuses de couleur rouge.
Du village, l'itinéraire décrit une large courbe autour de la butte de Montaigut. Les vieilles cheminées volcaniques de la région soulèvent par endroits le patchwork des champs. Les Vegheants, Les Ossiaux abritent de très beaux exemples d'habitat rural communs aux environs de Billom : maison-bloc en hauteur où se superposent la partie habitable et la partie agricole, l'accès au logis se faisant par un escalier extérieur abrité par un petit avant-toit. Le dernier niveau de l'édifice, sous les génoises, est aménagé pour les pigeons.
Enfin, apparaissent les ruines du château fort de Montaigut, une forteresse encore intacte en 1686. Aujourd'hui cernée par la végétation, elle occupait au Moyen Âge une position stratégique de défense.

*Aux confins de la Comté, à deux pas de Billom, une balade à la découverte d'un fort villageois parmi la centaine que compte le département du Puy-de-Dôme. Aux points cardinaux se détachent la chaîne des Puys, le massif du Sancy et les monts du Forez.*

2 h 15
balisage jaune
7,5 km
▼ 370 m - ▲ 510 m

### LE FORT DE REIGNAT

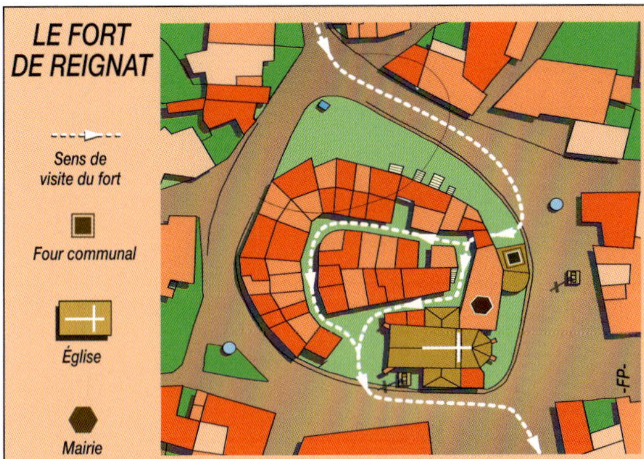


L'ORIGINE DU VILLAGE remonte au moins au début du 12e siècle. Mais c'est seulement à la fin du 13e que fut édifiée l'église et fondé un chapitre de 8 à 12 chanoines. A la fin du 14e ou au début du 15e siècle, face à l'insécurité permanente, on construisit le fort.
Il se compose d'une enceinte englobant l'église fortifiée et les maisons canoniales (d'appartenance ecclésiastique). Une auréole de loges qui servaient de refuge aux habitants est adossée à l'intérieur du rempart. Les chanoines ont occupé les lieux jusqu'au 18e siècle, développant l'agriculture et la viticulture.
Progressivement, les fonctions défensives du fort furent abandonnées et les loges abritèrent alors le cuvage, le fouloir et le pressoir. Le maintien des activités agricoles a contribué à la conservation de ce patrimoine jusqu'au milieu du 20e siècle.
Malheureusement, depuis quelques années, il subit des dégradations irréversibles.

*A petits pas près de Reignat. -CT-*

**Voir et savoir** ☼ entre **1** et **2**, vue sur Billom, la chaîne des Puys, le Livradois et le château d'Auteyras • après **3**, sur Glaine et son église, le château de Ravel • après **4**, sur Reignat et la Limagne ⁂ en **4**, ruines du château fort de Montaigut ■ habitat intéressant dans tous les hameaux ⛪ Reignat : église, vestiges d'un fort villageois du 15e siècle (voir plan ci-dessus).

**A proximité** ✝ hors circuit en **3**, église de Glaine (11e-12e siècles) avec de beaux chapiteaux • croix de la Charme (15e siècle) ♜ château de La Molière (privé) • château d'Auteyras (privé) ⬢ foire à l'ail, le 2e week-end d'août à Billom.

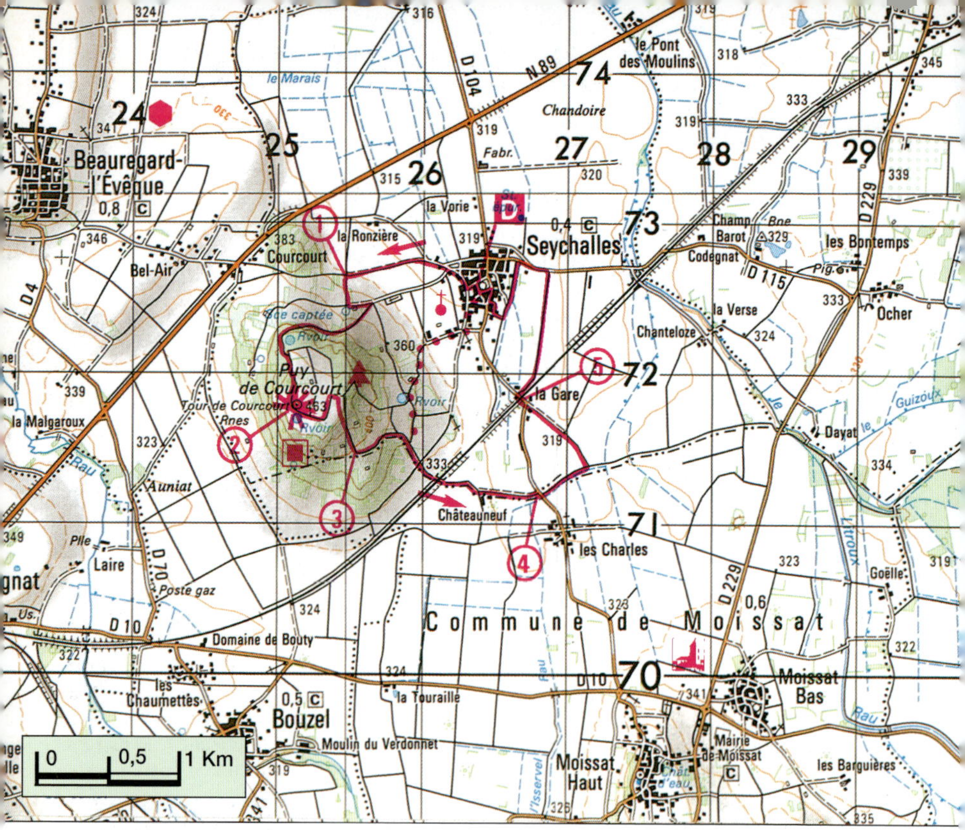


**D** Sur le parking, place de l'Église, à Seychalles. Prendre la rue à droite de la mairie. Au carrefour en T, tourner de nouveau à droite pour rejoindre une place. La traverser sur la gauche et continuer tout droit, sur la droite du «Point Propre». Le chemin vire ensuite à gauche. **1** A l'intersection avant la zone boisée, tourner à gauche. En haut de la côte, descendre à gauche sur 150 m, puis tourner à droite et monter en longeant plus haut le bois sur la droite. Le chemin tourne ensuite à droite et longe des champs jusqu'à la tour. **2** Redescendre par un chemin qui passe devant le réservoir et vire ensuite à gauche. Près de la zone boisée, tourner à droite. A la fourche, 100 m plus loin, quitter le bon chemin et tourner à droite. **3** Au carrefour en T, dans la descente, prendre à gauche. Laisser un chemin sur la gauche **(raccourci conseillé : prendre ce chemin sur la gauche et descendre jusqu'à Seychalles. Le circuit comporte alors 5,5 km et se fait en 1 h 30)** et descendre tout droit jusqu'au pont S.N.C.F. Franchir le pont, passer devant la ferme et rejoindre la route. **4** L'emprunter à droite, puis suivre un chemin à gauche. A l'intersection suivante, bifurquer à gauche et rejoindre un passage à niveau. **5** Le franchir, puis prendre à droite un bon chemin que l'on suivra jusqu'à la route. Prendre celle-ci à gauche et passer devant le terrain de football. A la fourche, emprunter la route de gauche, puis immédiatement un chemin à gauche. A l'intersection suivante, tourner à droite. Entrer dans Seychalles et revenir au parking de départ.

*De belles vignes et leurs tonnes s'étalent sur les pentes de la butte de Courcourt. -ND-*

# LA TOUR DE COURCOURT

## SEYCHALLES

30

**2 h 15**

**balisage jaune**

**7,5 km**

**▼ 319 m - ▲ 463 m**

***Entre plaine et plaine, le puy de Courcourt, château d'eau naturel local et dernier contrefort avant la Grande Limagne, promène l'œil sur l'horizon circulaire, cranté par les monts d'Auvergne. Un itinéraire propre à réconcilier bon nombre de marcheurs avec cette région de cultures.***

Pourtant tout proche de l'axe Clermont-Thiers, Seychalles est un de ces villages où l'on ne s'arrête que trop rarement ; la route qui fait filer si vite le paysage le rend éphémère et abstrait. Mais quand le moteur se tait au cœur du petit bourg, le pays alentour prend toute sa dimension.

C'est encore la Grande Limagne, avec ses riches terres brunes, et aussi l'extrémité de cette région de buttes volcaniques qui s'en va vers Mauzun, Montmorin, Vic-le-Comte. Les fermes se serrent pour ne pas empiéter sur les champs. Les cultures de céréales, d'ail et de betteraves remplacent celle du chou, autrefois transformé en choucroute dans une usine locale...

Puis, lentement, le chemin s'élève, décrivant une vague spirale vers un sommet incertain. Des captages d'eau jalonnent la montée ; Seychalles fut la première commune du département à posséder l'eau sous pression. Un chapelet de villages se déroule alentour : Seychalles bien sûr, Lempty, Beauregard-l'Évêque... Au loin, les monts d'Auvergne ferment l'espace et marquent les confins de la plaine.

Enfin, elle surgit en plein ciel, mystérieuse, gardienne de messages d'un autre âge : en ce lieu inattendu, battu par les vents, la tour de Courcourt invite à un voyage imaginaire. Est-il nécessaire de réveiller son passé ? La rumeur en a fait un relais du télégraphe optique de l'ingénieur Claude Chappe, ou encore une tour de gué. Il semble plus vraisemblable que la tour de Courcourt ait été un moulin à vent (cf. encart). Mais laissons courir les histoires, elles entretiennent le mystère de Courcourt.

**Voir et savoir** ❊ en **2**, table d'orientation, vue panoramique sur la chaîne des Puys, le massif du Sancy, Nonette, le puy St-Romain, le Livradois, le Forez, la Montagne bourbonnaise, la Limagne, les châteaux de Ravel et de Mauzun, les villes de Thiers, Lezoux, Billom, Pont-du-Château ✝ église de Seychalles, avec de belles fresques du 19e siècle ▣ en **2**, tour de Courcourt.

**Infos pratiques** ♣ entre **2** et **3**.

**A proximité** Moissat : village double, caves vigneronnes, belles églises dont une du 11e siècle ⬢ à proximité, PR de St-Aventin à Beauregard-l'Évêque, décrite dans le topoguide Chamina «Région clermontoise».

-CT-

LA TOUR DE COURCOURT.
Sur la carte de Cassini, établie au 18e siècle, la tour de Courcourt est symbolisée par un moulin à vent en cours de dégradation (mais pas en ruine, d'où le pictogramme d'un moulin incliné). Dominant la plaine de plus de 130 m, le site semble tout à fait indiqué pour faire tourner les ailes d'un moulin, et un certain nombre d'éléments contribuent à corroborer cette hypothèse. Ainsi, l'édifice présente-t-il une cheminée dont le conduit traverse la maçonnerie et non le toit. En effet, ce dernier étant mobile sur les moulins à vent, il ne pouvait évidemment pas permettre le passage d'un conduit. Par ailleurs, les murs sont incurvés vers l'extérieur afin de ne pas gêner la rotation des ailes. Quant aux deux portes face à face, elles sont aussi caractéristiques d'un moulin à vent, l'une permettant le passage lorsque l'autre est obstruée par les ailes.

Les petites ouvertures qui peuvent faire penser à une tour de gué pourraient correspondre à l'emplacement des poutres qui supportaient les sacs, les meules et la mécanique.

Alors, la tour de Courcourt était-elle un moulin à vent ? A vous de juger.

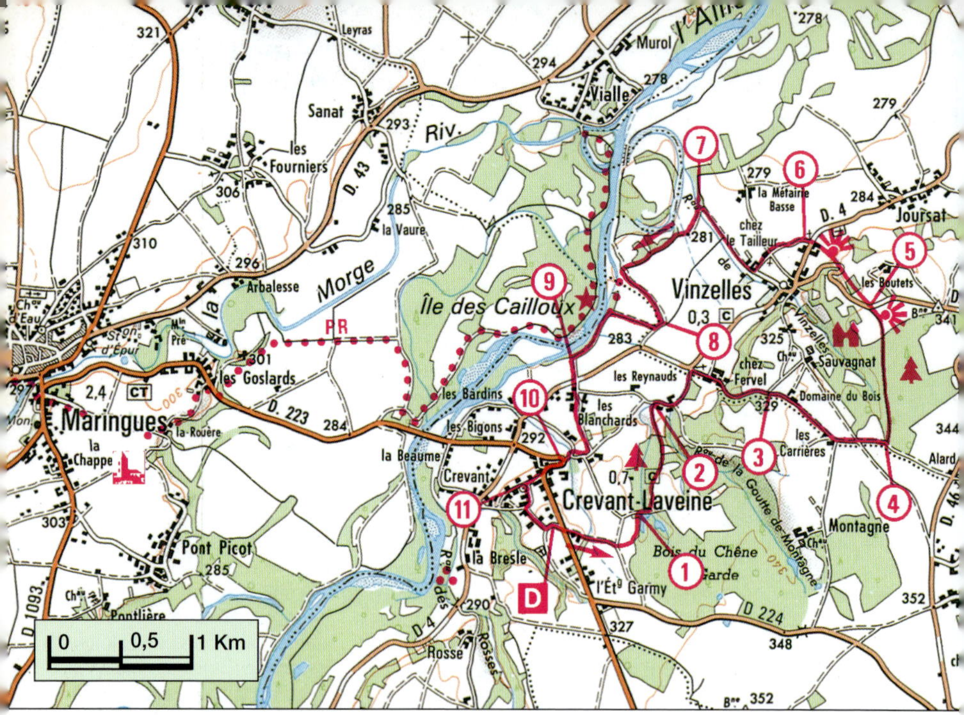


-MA-

A la pêche au brochet, magnifique carnassier qui affectionne les eaux riches en végétation aquatique. -LUTRA-

**D** Sur le parking du monument aux Morts à Crevant-Laveine. Passer devant le monument aux Morts et prendre à gauche le chemin signalé par le panneau «Point Propre». Traverser la route départementale et continuer tout droit au carrefour suivant. Le chemin vire à gauche et longe un étang. **1** Poursuivre à droite le long de cet étang sur une dizaine de mètres, puis tourner à gauche à angle droit, dans les bois, jusqu'à un carrefour en T. **2** A cette intersection, prendre à droite entre les maisons. Continuer à gauche après celles-ci. Au carrefour suivant (croix métallique), tourner à droite et traverser les fermes. **3** Continuer tout droit et longer le domaine du Bois. Tourner à gauche au premier croisement. Aller tout droit au deuxième. **4** A l'arrivée au Grand Bois, tourner à gauche, puis, à 20 m de là, laisser le chemin de terre pour s'enfoncer à gauche dans le bois, jusqu'à la route départementale. **5** La descendre sur 30 m, puis prendre à droite un chemin herbeux. On aboutit à nouveau sur la route. Emprunter aussitôt un chemin sur la droite qui descend vers la D 4. **6** Prendre en face et continuer tout droit jusqu'au croisement en T, face à un mur. Tourner à droite. **7** Au carrefour en T suivant, prendre à gauche. Longer une zone semi-boisée, puis reprendre à gauche. **(Raccourci : faire 10 m et tourner à droite dans une sente herbeuse qui longe un champ à gauche et l'Allier à droite. On rejoint tout droit le point 9.)** **8** Effectuer un virage à droite et prendre de suite un chemin à droite qui longe ensuite l'Allier. **9** Au croisement, tourner à gauche. Traverser la route, puis le hameau des Blanchards. A la fourche, en haut de la côte, descendre à droite et rejoindre la route départementale sur la gauche en hauteur. **10** La traverser et monter à Crevant-Laveine. Prendre à droite en direction de la poste. **11** En arrivant à l'église, tourner à gauche. Suivre cette route jusqu'au carrefour en T. A gauche, rejoindre le Monument aux Morts.

**Voir et savoir** ★ après **8**, rives de l'Allier ☼ avant **5**, vue sur les monts de la Madeleine et les Bois Noirs • entre **5** et **6**, sur la butte de Montgacon en **3** Sauvagnat (privé).

**Infos pratiques** ▲ entre **1** et **2** • entre **4** et **5**. (cf. adresses page 92).

**A proximité** ☼ Depuis la butte de Montgacon, forteresse détruite sous Richelieu, panorama sur la chaîne des Puys, le massif du Sancy, la Comté, le Forez, les Bois Noirs ⁂ site de l'ancien port de la Bresle Maringues et ses tanneries, son église, ses maisons anciennes ⬢ à Charnat, mini-musée de l'Architecture à travers le monde •• • circuit Chamina de Montgacon au départ de Maringues.

# ENTRE CREVANT ET LAVEINE

## CREVANT-LAVEINE ■ VINZELLES



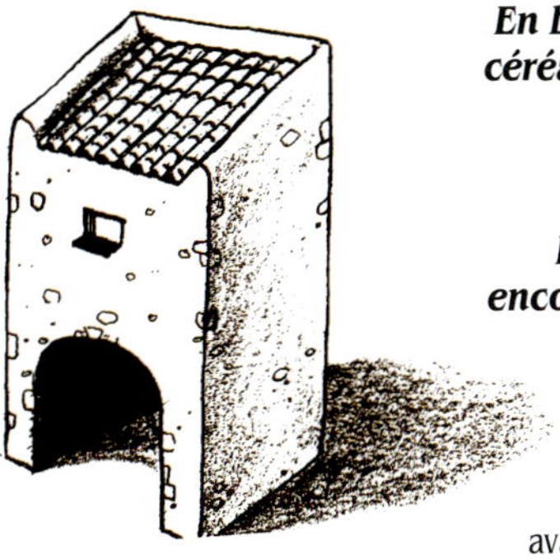

***En bordure de l'Allier et des cultures céréalières, ce petit coin de Varennes* parsemé de villages tranquilles surprend par son relief vallonné et ses ruisseaux encaissés. Dans les bois de chênes, on peut encore rencontrer de grands rapaces et quelques cervidés.***

| |
|---|
| **2 h 45** |
| **balisage jaune** |
| **9,5 km** |
| **▼ 280 m - ▲ 342 m** |

Le village s'éloigne à peine et déjà le bois vient à notre rencontre avec toutes ses odeurs. Un étang dort là, immobile, au bord du chemin. Libellules, poissons, araignées d'eau flirtent avec la surface de l'eau. Puis la forêt nous reprend, silencieuse. Et tout à coup, le chemin émerge à la vie des hameaux : aux Reynauds, chez Fervel, maisons de pisé, rangées de choux et de reines-marguerites baignées du chant d'un ruisseau ou d'un lavoir. Dans cette région, la pierre étant presque absente, on construisait en pisé, mélange de terre argileuse, de graviers et parfois de paille séchée.

Plus loin, le château, pudique, ne dévoilant que quelques toits pointus derrière les arbres, porte le nom de Sauvagnat. De nouveau, le chemin s'enfonce sous les chênes. Et quand apparaissent, au-dessus des vignes, les monts de la Madeleine, ils nous ramènent au pays dont ce bois de nulle part nous avait éloigné. Tous ces versants annonçant la plaine étaient autrefois consacrés à la vigne ; il n'en subsiste que quelques arpents.

Alors commence la descente vers les champs de maïs, les noyers épars caractéristiques de la Limagne, et Vinzelles que surplombe le château de Sauvagnat. Des fermes se succèdent, de pisé, de paille et de volaille où s'abandonnent toutes ces choses qui font l'atmosphère des granges d'ici. Le ciel s'étire dans le vol des pigeons (cf. encart ci-contre). Et apparaît l'Allier, derrière le rideau de saules et de peupliers qui s'éclaircit enfin.

Aux Blanchards, sous les toits de septembre, pend le tabac, jaunissant tête en bas, comme de vieux chiffons qu'on aurait mis à sécher là. A Crevant-Laveine se termine cette balade entre Varennes* et Grande Limagne.

*Différents types de pigeonniers de Limagne. -FP-*

* *Les Varennes : pays de collines, de petite polyculture, situé entre Saint-Clément-de-Régnat à l'est et Puy-Guillaume à l'ouest, entre le nord du département et Crevant-Laveine au sud.*

PIGEONNIERS DE LIMAGNE. Au détour d'une flânerie en Limagne, se trouve toujours un pigeonnier. Qu'il soit rond, octogonal ou carré, sur pilier de bois ou à pied, ou encore porche à l'entrée d'une ferme(cf. dessins), il est le signe d'une terre à blé. En effet, avant la Révolution, tout propriétaire terrien possédait son colombier. Le nombre de nids ou «boulins» dépendait du nombre d'arpents cultivés. Et plus que pour sa bonne chair, le pigeon était apprécié pour sa fiente, «la colombine», un engrais riche en azote et en acide phosphorique. La Révolution supprima ce droit de colombier. Les multiples bandes de pigeons faisaient d'importants dégâts dans les récoltes au grand dam des paysans. Aujourd'hui, les pigeonniers sont souvent négligés bien qu'entourés de pigeons, mais toujours ils attirent le regard par leur charme intact.

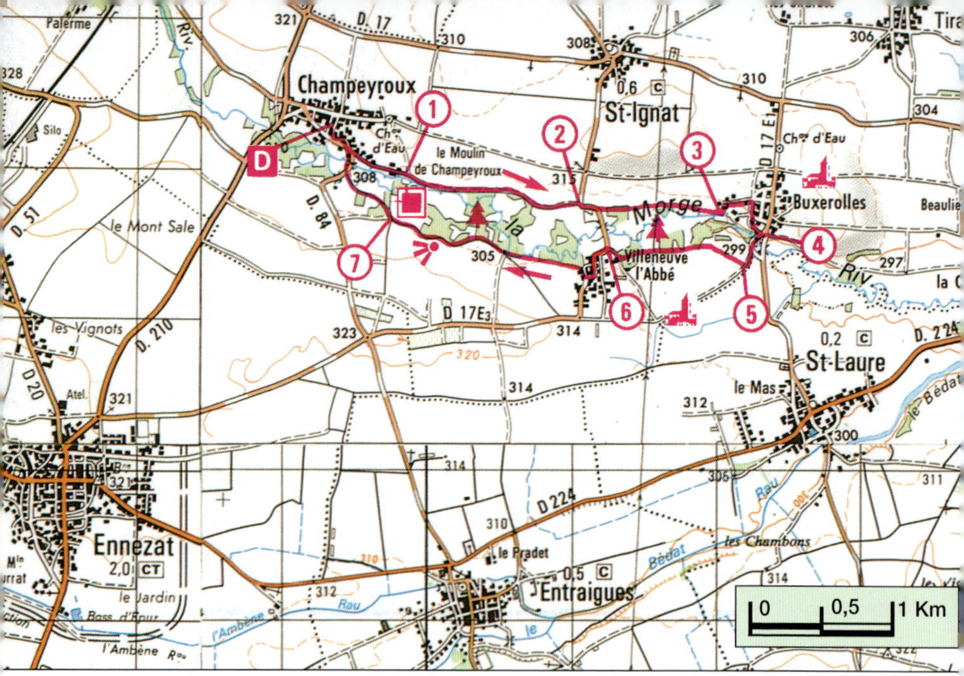


**D** Sur le parking, place Jean-et-Marie-Darenne à Champeyroux. Descendre en face du calvaire la rue du Val-de-Morge, puis, aussitôt à gauche, la rue des Lilas qui débouche à nouveau sur la rue du Val-de-Morge. La prendre à gauche et continuer tout droit par la rue du Moulin pour quitter le village. **1** Peu après l'ancien moulin de Champeyroux, au carrefour, prendre le chemin le plus à droite et longer la Morge. **2** Rejoindre une route (D 429). L'emprunter en face sur 100 m, puis, dans le virage, continuer sur le chemin en face. Poursuivre sur la droite à la fourche suivante. **3** On arrive à Buxerolles. Monter le chemin à gauche vers une grande bâtisse privée. Continuer jusqu'à la place des Noyers. Avant un terre-plein herbeux, descendre à droite la rue des Lilas, puis à gauche la rue du Moulin jusqu'à la route. **4** Prendre à droite l'ancien tracé de la route, franchir la Morge sur un pont métallique et suivre le grand chemin à droite sur 150 m. **5** Emprunter à droite un chemin d'exploitation herbeux entre champs et haies, qui oblique à gauche, puis à droite, et passe sous la ligne EDF. On longe ensuite un bâtiment et on rejoint une route. La descendre à droite. Au carrefour en T, entrer à gauche dans le village. **6** Monter à gauche la rue de l'Abbaye. Prendre la première rue à droite pour gagner la place des Marronniers. Après la croix, descendre à droite la rue de la Morge et, 50 m après, tourner à gauche dans le chemin qui longe la rivière. Le suivre le long de la Morge en laissant plusieurs chemins de part et d'autre. **7** Au carrefour, descendre à droite sur quelques mètres et prendre aussitôt à gauche un chemin herbeux ombragé qui longe des prairies, puis débouche, après une passerelle, sur la route. Rejoindre à droite le village de Champeyroux après avoir retraversé la Morge.

*La Limagne près de Buxerolles. -CT-*



**Voir et savoir** entre **6** et **7**, vue sur la chaîne des Puys avant **1**, ancien moulin de Champeyroux Buxerolles et Villeneuve-l'Abbé : maisons en pisé, pigeonniers vigneron à Villeneuve-l'Abbé.

**Infos pratiques** en bordure du chemin, tout le long du circuit.

**A proximité** Ennezat : pigeonnier-porche à colombage et sur pilotis, église, ancienne collégiale (12e-13e siècles) avec beaux chapiteaux et fresques murales.

# LE VAL DE MORGE

Dans le monde horizontal des Limagnes, croix, arbres isolés, clochers accrochent le regard. Près de Buxerolles. -CT-

***Une balade surprenante au cœur de la Grande Limagne, au bord d'une petite rivière, la Morge, le long de prés où paissent moutons, vaches et chevaux. Une oasis de verdure et de fantaisie au charme préservé en ce pays de cultures intensives.***

**2 h 00**

**balisage bleu**

**7,5 km**

**▼ 299 m - ▲ 315 m**

LE COULOIR arboré et vert de la Morge tranche, particulièrement en été, sur les cultures de la Limagne. Depuis une trentaine d'années, leur développement a repoussé les prairies entourées de haies au plus près de la rivière, là où la charrue n'ose retourner un sol trop humide. Ce ruban de verdure reçoit encore des troupeaux de blancs charolais, alors que partout ailleurs, dans les exploitations agricoles des Terres Noires, ils ont disparu depuis les années 1960. Ces terres très riches en argile – donc très collantes lorsqu'il pleut – mais aussi capables de bien retenir l'eau, doivent leur teinte à un fort taux d'humus, souvenir du temps où un marais recouvrait la plaine. La présence en quantité souvent importante de calcaire assure, après action du gel, des structures de sol très favorables à l'enracinement. Si on ajoute une richesse chimique naturelle importante, on comprend que lorsque l'élevage n'a plus été une nécessité pour la traction, les cultures aient pris le relais. Plus rémunératrices et exigeant moins de travail, elles ont livré la Limagne au blé, à la betterave à sucre, au colza, au tournesol, au tabac, aux plantes légumières, etc. Quant au maïs, il s'est développé considérablement en raison de la présence de Limagrain - coopérative de production de semences de maïs - à Chappes. Les villages conservent le souvenir de l'époque où ils abritaient des animaux. Dans ce pays où la pierre est absente, la chaîne des Puys a fourni le matériau de construction : la lave, d'où la couleur sombre des maisons. Les anciennes granges qui abritaient les récoltes de foin et de paille sont maintenant des abris de trop grande hauteur pour le seul matériel agricole. La paille n'est plus récoltée ; elle est soit enlevée sur le champ par des agriculteurs des zones d'altitude, soit enfouie pour reconstituer le stock d'humus. Les bâtiments d'exploitation entourent souvent une cour fermée. De nombreux tunnels recouverts de plastique indiquent que ces villages abritent de gros producteurs de tabac : après récolte, le tabac y est mis à sécher, puis trié et empaqueté avant d'être livré à l'usine. Le tabac exige aussi beaucoup de minutie et de savoir-faire tant au champ que lors de sa conservation. Ainsi, le Limagnais est passé maître dans la conduite, non seulement des cultures traditionnelles de cette plaine : céréales à paille, betteraves à sucre, mais aussi dans celles qui ont été récemment introduites.

*J. BLANCHON*

Le chemin frontière entre la Limagne et le val de Morge aux airs de bocage. -CT-

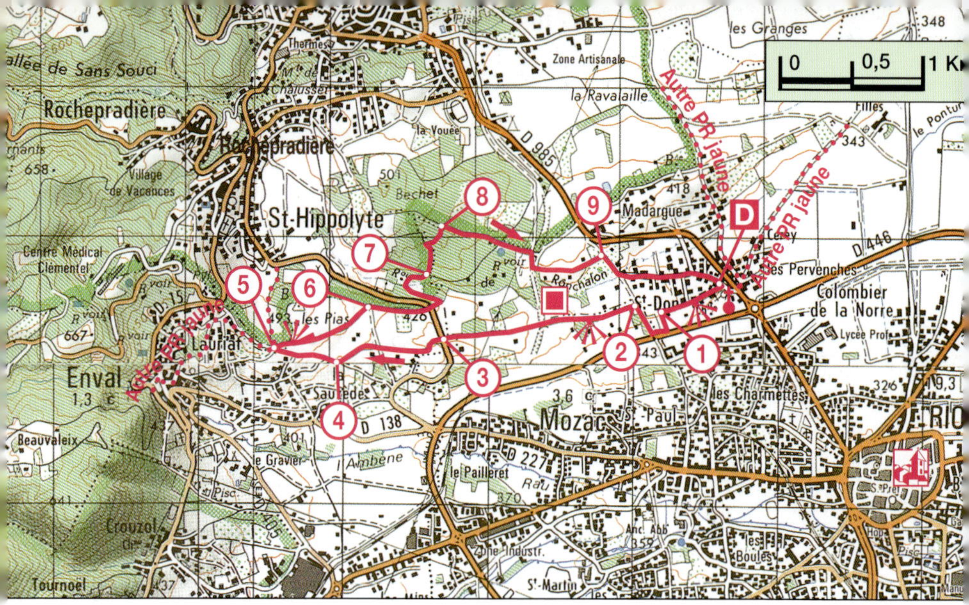


Accès au point de départ : depuis le rond-point situé à l'intersection de la D 446 et de la D 985 Riom/Châtel-Guyon. Prendre la direction de Châtel-Guyon et, aux feux, tourner à gauche.

**D** Du parking de la **chapelle Saint-Don** (autre PR jaune à droite). Prendre à gauche le chemin des Vignes. Continuer tout droit par le chemin de terre. **1** Descendre à gauche. Longer la rocade à droite sur 150 m, puis remonter à droite un grand chemin creux bordé d'un haut mur. **2** Tourner à gauche et suivre ce chemin toujours tout droit. Franchir l'**ancienne voie ferrée**, puis passer sous la ligne électrique. Continuer jusqu'à la départementale. **3** La traverser et continuer en face sur le chemin du Sablon-Nord. Suivre le grand chemin qui dessert des maisons neuves. Au carrefour, monter le chemin en face. **4** Au grand carrefour, monter à droite (laisser à gauche le chemin des Vivaies). Peu après, continuer en face sur le chemin de la Perille (laisser à gauche le chemin de Pedoux). **5** Au croisement des Pias **(ancien socle de croix)**, prendre le premier chemin à droite (attention, autre PR jaune à droite). Continuer en descendant tout droit. **6** Lorsque ce chemin vire à droite, suivre en descente un chemin herbeux, tout droit jusqu'à la départementale. Traverser la route (D 227) et continuer en face sur 100 m. Tourner à gauche. À la fourche, dans un fond humide, bifurquer à droite. **7** À la fourche suivante, monter à gauche. Au carrefour dans la montée, continuer tout droit. Au carrefour en T, sur un replat, monter à droite. **8** Au croisement en T suivant, descendre à droite. Continuer tout droit et passer devant les réservoirs d'eau. Passer sous la ligne électrique. Franchir à nouveau l'ancienne voie ferrée et tourner à droite. On descend par un large chemin. **9** Au carrefour en T, tourner à droite, puis 200 m plus loin bifurquer à gauche dans la rue des Martres-de-Madargue, qui ramène au parking de la chapelle Saint-Don.

*Louis Levadoux (1912-1985) : issu d'une famille vigneronne de Châtel-Guyon, il fut un spécialiste de la vigne (maladie, anatomie, biologie), mais surtout de l'ampélographie (étude des cépages et porte-greffes), ce qui lui valut une renommée mondiale.*

LA CHAPELLE SAINT-DON.
«Il existe près de Riom, au bord de la route qui conduit de cette ville à Châtel-Guyon, une curieuse chapelle romane connue sous le nom de Chapelle de Saint-Don.
Assis au pied des coteaux vignobles de Madargue et des Martres, l'édifice est entouré d'un charmant petit bois de frênes qui, en été, fait une tache sombre sur les riches cultures environnantes. [...]
Cet antique oratoire isolé dans son cadre de verdure au milieu d'une contrée fertile surprend quelque peu. Le lieu est plein de mystère. Mystérieux aussi est son passé.»
Ce texte, extrait d'une étude d'Edmond Morand datant de 1915 sur la chapelle Saint-Don, permet de constater l'évolution de l'agglomération riomoise depuis cette époque.
D'après lui, saint Don serait une déformation de saint Domnin, saint vénéré en Italie. Il faut voir là une survivance de la très ancienne influence de l'Église de Milan sur la Gaule.

# LES VIGNES DE RONCHALON

**RIOM ■ MOZAC ■ ENVAL ■ CHÂTEL-GUYON**

**33**

***Un circuit familial aux portes de Riom, qui invite à découvrir les coteaux vignerons. Au pied des marches boisées menant à la chaîne des Puys, la ville et ses églises détachent leur silhouette sur la plaine de Limagne.***

| |
|---|
| **2 h 30** |
| **balisage jaune** |
| **8 km** |
| **▼ 335 m - ▲ 475 m** |

DE la petite chapelle romane de Saint-Don (cf. encart), le chemin serpente sur les coteaux qui abritent Riom au nord. Là se côtoient vignes et friches, tonnes utiles et tonnes en ruine dans une atmosphère fantasque, non loin du vignoble en plein renouveau de Madargue (situé de l'autre côté de la D 985). Ce dernier fait partie des cinq crus d'appellation «Côtes d'Auvergne» qui bénéficient du label VDQS (Vin délimité de qualité supérieure), avec Châteaugay, Chanturgue, Corent et Boudes. Depuis 1986, une demande de classement en AOC (Appellation d'origine contrôlée) est en cours.

*Riom, ses vignes et ses Limagnes. -CT-*

Très proches de Riom, les vignes de Madargue ont longtemps été menacées de disparition par la pression urbaine. Heureusement, leur classement, sous l'influence de l'ampélographe célèbre Louis Levadoux, et la décision de la municipalité de Riom d'avoir son propre vignoble ont permis de sauver ce capital. Aujourd'hui, trois producteurs entretiennent le vignoble de Madargue (voir leurs coordonnées page 93).

Mais revenons au circuit. Le chemin s'élève ensuite lentement jusqu'au pied de la faille de Limagne, s'ouvrant sur les horizons lointains de la plaine. Par deux fois, on enjambe, sur de larges ponts à rambarde, une tranchée rectiligne dont des arbustes envahissants effacent la géométrie. Il s'agit d'une ligne de chemin de fer qui reliait autrefois Riom à Châtel-Guyon. Elle fut construite au début du siècle, à l'époque où la ville misait sur ce mode de transport.

*Une des nombreuses tonnes de la région, petite construction au milieu des vignes ou des vergers, servant à entreposer des outils, à s'abriter ou à se reposer. -CT-*

**Voir et savoir** ❊ entre **D** et **1**, vue sur la chaîne des Puys et sur Riom (à gauche) où l'on distingue les églises St-Amable, le Marthuret, la Ste-Chapelle et la Tour de l'Horloge • avant **4**, sur Tournoël et le puy de Dôme • après **5**, de gauche à droite, sur St-Hippolyte, le château de Chazeron, la Grande Limagne, Riom, et au loin sur les Bois Noirs et les monts du Forez, plus au sud sur Châteaugay, le puy de Dôme, le château de Tournoël (12e) ♁ en **D**, chapelle romane de St-Don ▣ entre **2** et **3**, **8** et **9**, ancienne voie de chemin de fer.

**Infos pratiques** ♣ entre **7** et **8**.

**A proximité** ❊ abbaye romane de Mozac ▣ Riom, ville d'art et d'histoire (cf. page 92).

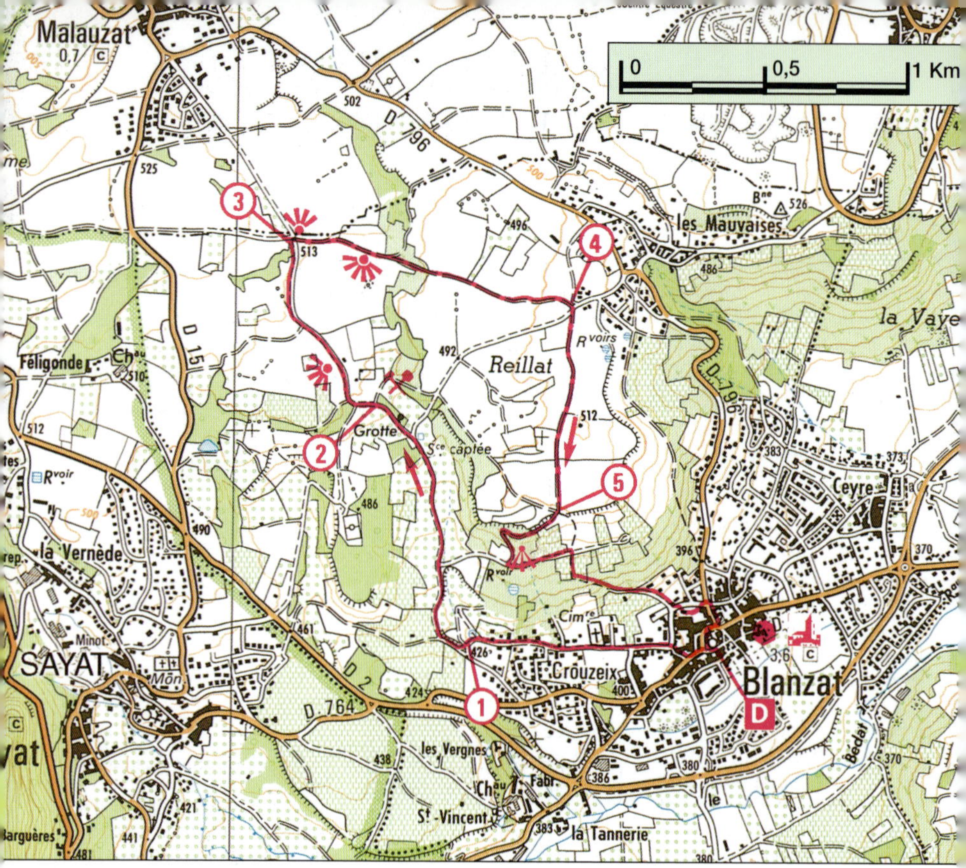


**D** Sur le parking de la poste, devant l'église de Blanzat. Passer devant le café de la Poste et gagner une placette sur la droite, au bout de laquelle on s'engage dans la rue Vigne-de-Madame. Prendre la première rue à gauche : la rue de Reilhat. Passer devant le cimetière et dépasser les maisons neuves. Le chemin franchit un ru, puis oblique à gauche. **1** Au carrefour, passer devant le transformateur sur la droite et monter par le bon chemin entre les vignes. 150 m plus loin, obliquer sur la droite et continuer à s'élever lentement non loin du ruisseau. Laisser un chemin sur la gauche. A la fourche, près de la source captée, continuer sur la gauche et passer devant la grotte. **2** A l'intersection, tourner à gauche. 50 m plus loin, laisser le chemin qui descend à gauche. Monter légèrement en obliquant à droite. Laisser un deuxième chemin herbeux à gauche, puis continuer toujours tout droit entre les champs. **3** Au carrefour près d'une petite zone boisée, tourner à droite. Juste avant que le chemin descende en obliquant à gauche, prendre un chemin sur la droite et continuer tout droit en direction des réservoirs. **4** Au carrefour près des maisons, prendre le deuxième chemin sur la droite qui monte légèrement. Passer non loin des réservoirs et continuer tout droit **(zone de chasse)**. **5** Au carrefour suivant, tourner à gauche, puis immédiatement à droite sur un chemin qui longe le rebord du plateau, puis descend. A l'intersection en T au milieu des vignes, tourner à gauche, puis 250 m plus loin, descendre à droite sur Blanzat. Le chemin oblique à gauche et rejoint le chemin de la Muscade. Laisser à gauche la rue des Écoles et prendre en face la rue Vigne-de-Madame. Peu après, emprunter à gauche le passage Saint-Esprit qui permet de revenir rue de la République, puis tout droit place de la Poste.

*Un jardin au bord du chemin -CT-*

# LE PLATEAU DE LA BADE

## BLANZAT

34

AU fond de la vallée du Bedat, entre la vieille coulée basaltique de Châteaugay au nord et celle des côtes de Clermont au sud, Blanzat apparaît comme un agréable village de campagne aux portes de la ville. La disparition de son château et de ses fortifications n'enlève rien à son pittoresque.
Au fil du chemin, les maisons s'égrènent, puis s'espacent.
Un ruisseau accueillant vous emmène plus loin, près des saules. Vignes, vergers, potagers s'éparpillent. Les hommes de «la petite terre» s'y activent. Ils sont pour beaucoup immigrants portugais attachés à un lopin qu'ils ont rendu fertile. C'est dans les années 60 et 70 qu'ils ont afflué dans la région, tandis que les Auvergnats «montaient» à Paris. Ils ont contribué à maintenir la vie des villages et à sauver un certain patrimoine.
Plus loin, une grotte découvre les profondeurs de la coulée basaltique.
Dans une cavité similaire, fut découvert, sur la commune de Blanzat, un abri préhistorique de l'âge du renne, où restaient des ossements d'animaux et des outils.
Lorsque le ciel s'ouvre, les vergers font place au ventre des labours qui respirent au rythme des saisons. Le regard s'arrête sur Tournoël. Puis la nature se fait sauvage ; l'homme s'en est allé et elle s'ébroue dans les genêts, les aubépines, les ronces et les églantiers. Peut-être surprendrez-vous dans ces friches un faisan aristocratique hésitant entre la fuite et l'indifférence...

***Des côtes de Blanzat au plateau de Malauzat, le chemin serpente entre vignes, vergers et jardins soigneusement entretenus, offrant des vues intéressantes sur le versant nord des côtes de Clermont, la faille de Limagne et les volcans qui la dominent.***

**1 h 45**

**balisage bleu**

**5,5 km**

**▼ 393 m - ▲ 513 m**

**Voir et savoir** après **2**, vue sur le puy de Dôme • en **3**, sur le château de Tournoël • après **3**, sur le Forez, le Livradois, les côtes de Clermont, le puy de Gravenoire, la bordure de faille de Limagne • après **5**, sur Blanzat, les côtes de Clermont, la carrière, Nohanent, Durtol Blanzat, avec ses maisons de vignerons avant **2**, grotte dans la coulée basaltique.

**A proximité** fête du livre à Blanzat le 1er week-end de décembre.

L'ANGÉLIQUE ou *Angelica archangelica* est encore cultivée par quelques agriculteurs de la commune de Blanzat. Ils sont les derniers tenants d'une longue tradition.
Les racines de la plante, consommées autrefois pour leurs propriétés médicinales, entrent dans la composition de plusieurs liqueurs dont la Bénédictine et le Gin. La tige de la plante, confite dans du sucre, est utilisée par les pâtissiers et les confiseurs pour sa saveur, mais surtout pour sa couleur vert bouteille qui permet de varier les ornements en fruits confits.
Le bâton d'angélique confit a constitué une grande spécialité de la Limagne jusque dans les années 50 et fait la renommée internationale des confiseurs limagnais.
Outre l'angélique, ils trouvaient aussi sur place le sucre nécessaire à leur activité grâce aux cultures de betteraves sucrières de la plaine.

*Champs d'angéliques près de Blanzat. -HM-*

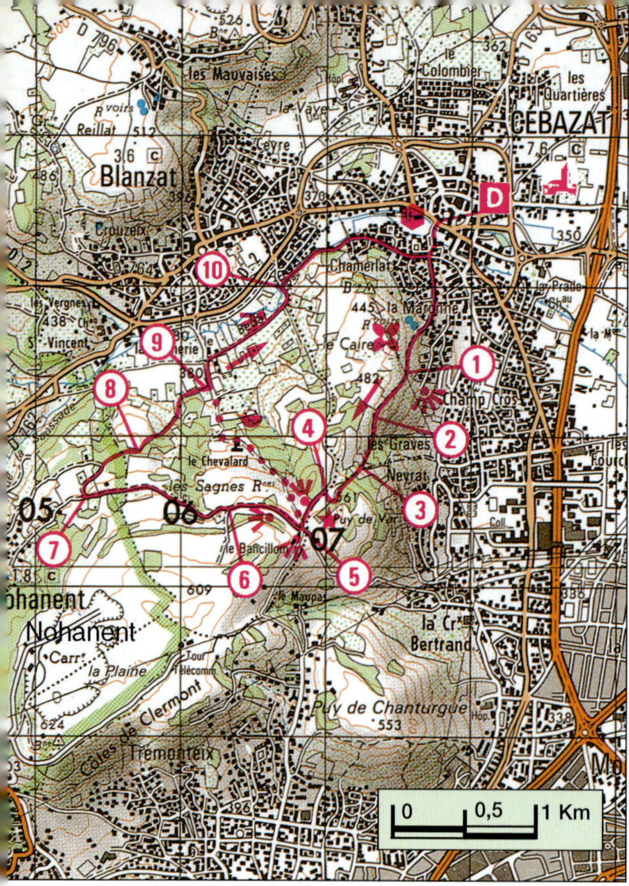


**D** Sur le parking du marché à Cébazat (sauf le dimanche matin de 8 h à 13 h pour cause de marché). Prendre la rue du Grillon. Au carrefour, monter en face la rue de la Pachat. Après les derniers pavillons, continuer par un chemin dont la pente s'accentue. A la fourche, emprunter à gauche un sentier herbeux entre d'anciens vergers. **1** Passer sous la ligne EDF **(hors circuit : en s'avançant quelques mètres à gauche vers le pylône, vue panoramique)** et poursuivre sur le sentier. **2** Laisser un sentier à droite qui dessert un champ. Continuer à monter légèrement dans une végétation abondante. **3** Franchir un fossé où coule un ru pour arriver dans une zone à couvert. Laisser le sentier de gauche et monter sur la droite. **4** On débouche dans une petite clairière pour retrouver un sentier plus large, que l'on emprunte à droite sur 20 m environ. Au carrefour en T, monter à gauche par un grand chemin. A l'intersection suivante, continuer à monter jusqu'au col près de la ferme **(raccourci possible : descendre à droite et rejoindre le point 9. Longueur du circuit : 5 km - durée : 1 h 30)**. **5** Au carrefour, prendre le grand chemin de niveau à droite, le long d'un pré bordé d'une zone boisée **6** Au croisement, continuer à descendre tout droit. On laisse ensuite un chemin sur la droite. **7** A l'intersection suivante, prendre un chemin à droite bordé d'une haie de résineux. Au carrefour en T, obliquer à droite en direction de grands saules (zone humide) **8** Attention : on laisse un chemin à gauche juste avant une parcelle cultivée. Continuer tout droit. Longer sur la gauche le champ, puis emprunter une sente qui descend dans les taillis à gauche. Passer ensuite sous une ligne EDF et retrouver un bon chemin qui oblique à droite pour longer un terrain de sport. **9** Passer sous un portique et descendre à gauche sur le grand chemin. Au carrefour suivant, tourner à droite et longer le Bedat. **10** A hauteur des constructions, continuer en face. Ne pas prendre le pont sur le Bedat. Dépasser d'anciens moulins et revenir en D par la rue de Massaud et la rue du Grillon.

L'AGRO-PASTORALISME s'est imposé dans le Massif central, jusqu'au 19e siècle, au détriment de la forêt, la réduisant peu à peu à l'état de reliques. C'est dans les années 1830 que les surfaces boisées atteignent leur niveau le plus faible. Le comte de Montlosier, en attirant l'attention sur les méfaits du déboisement (érosion, inondations) et en offrant l'exemple du reboisement de ses propriétés de Randanne, va largement contribuer à inverser cette tendance. Malgré une forte opposition des populations rurales qui sentent peser une menace sur un système agro-pastoral déjà fragile, la Société d'Agriculture de Clermont-Ferrand décide, en 1843, de lancer des opérations de reboisement dans les secteurs à forte déclivité, le long de la faille de Limagne. L'essence choisie est le pin sylvestre. Face au succès de cette tentative, les plantations se poursuivent jusqu'en 1884. Par le fait, Clermont arbore aujourd'hui, à l'ouest, une vaste écharpe verte, «oxygénant» le regard du citadin.
On peut l'observer depuis ce circuit notamment.

# LE COL DU CHEVALARD

35

## CÉBAZAT ■ BLANZAT ■ NOHANENT

PASSÉ les portes du parc Montgroux, le circuit s'élève vers les pentes des Côtes de Clermont que grignote l'urbanisation. Caves souterraines, tonnes et vignes subsistent çà et là entre les constructions, ou disparaissent parfois dans des friches que l'abandon rend omniprésentes. Autrefois, ces coteaux marneux, recouverts d'une coulée de basalte qui les a préservés de l'érosion, étaient consacrés à la culture de la vigne et des vergers. Un temps quasi révolu sur lequel l'espace se referme peu à peu.
Pris entre deux murs d'une végétation impénétrable, le marcheur avance machinalement, comme dans un long couloir, pour s'affranchir de la ville et de son ascendant. Le chemin s'enfonce sous les arbres. Châtaigniers et robiniers sculptés arrêtent le pas de temps à autre et s'offrent à la contemplation. Là-haut, au col du Chevalard, quand s'ouvre le paysage, l'agglomération clermontoise alentour semble irréelle, tel un décor de cinéma installé dans les creux de l'horizon, entre bois et prés. Elle cerne ce plateau où subsistent troupeaux et fermes, vergers et cultures ; un îlot fragile menacé par l'univers mouvant qui l'encercle, mais qui n'en continue pas moins de vivre à son rythme.
Un couple de circaètes Jean-le-Blanc aperçu par la Ligue pour la Protection des Oiseaux (L.P.O.) témoigne de la richesse naturelle de l'endroit.

***Un circuit à parcourir au printemps ou à l'automne, quand l'envie vous vient de savoir où en sont les saisons aux portes de la ville, quand le besoin de chlorophylle et d'espace se fait plus pressant...***

**2 h 15**
**balisage jaune**
**8 km**
**▼ 347 m - ▲ 549 m**

*Après le col. -CF-*

**Voir et savoir** ★ col du Chevalard (549 m) ☼ entre **4** et **5**, vue sur Blanzat, le vallon du Bedat, Châteaugay, la partie nord de la chaîne des Puys, Volvic et le château de Tournoël • en **5**, vue sur Clermont-Fd et le puy de Chanturgue • entre **5** et **6**, sur les Côtes de Ternant, le puy de Sarcoui, Blanzat et la vallée du Bedat, la Grande Limagne • entre **9** et **10**, sur le puy de Dôme Cébazat : église, tour de l'Horloge (18e siècle), vestiges du château de la Malerie ✤ ancienne zone de vignes entre **D** et **1** ⬢ expositions temporaires au pavillon du parc Montgroux en **D**.

**Infos pratiques** ⬢ entre **7** et **9**, tronçon commun avec un circuit VTT ▲ entre **2** et **4** vente de fromages de chèvre à la ferme du Chevalard (cf. carnet page 92).

*Le col du Chevalard. Vue sur Blanzat. -CT-*

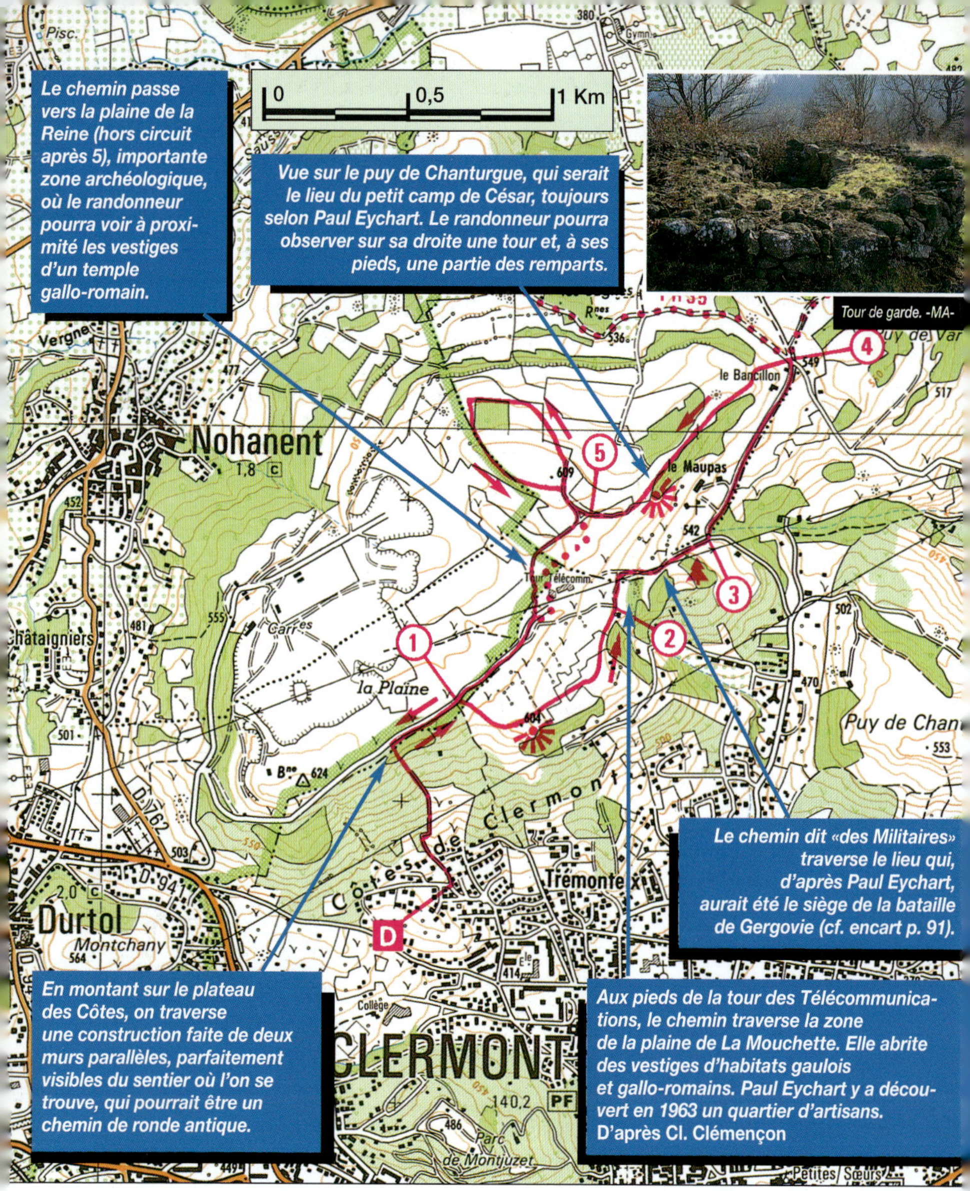


Accès : du quartier de la Glacière, derrière le parc de Montjuzet, monter la rue des Chanelles puis celle du Clos-Perret. **D** Au carrefour de la rue du Creux-Rouge et de la rue des Oiseaux, monter par ce chemin et rejoindre la route d'accès à la tour de télécommunication, en haut du plateau. La prendre à droite. **1** Au carrefour, quitter la route, gagner le terre-plein herbeux sur la droite d'où partent deux sentiers. Prendre celui de gauche qui suit le bord du plateau le long de champs cultivés. Face à une clôture, le sentier bifurque à gauche, toujours en longeant le bord du plateau, puis devient un chemin. **2** A un carrefour en T, tourner à droite, puis suivre le sentier sous la ligne à haute tension. Rejoindre une sente qui descend entre une clôture et une zone boisée jusqu'à la route de Blanzat. **3** La prendre à gauche jusqu'au col du Chevalard. **4** Monter par un chemin à gauche après la ferme. Continuer par un sentier sur la gauche qui accède au sommet du plateau. Poursuivre tout droit en direction de la tour. **5** A une fourche, non loin de la tour, obliquer à droite dans un chemin, puis de nouveau à droite dans un autre chemin qui monte sur une butte. En haut, prendre le sentier de droite qui longe le rebord du plateau. A l'intersection, avant de redescendre, tourner à gauche dans un sentier qui ramène en haut de la butte. Descendre et rejoindre un chemin qui conduit, à droite, à la route. La prendre à droite et revenir au départ par le même itinéraire.

# LES CÔTES DE CLERMONT

**36**

## CLERMONT ■ DURTOL ■ BLANZAT

***Le seul itinéraire qui part de Clermont, et vous emmène à l'assaut d'un plateau autrefois cerné de vignes. Un petit bout de nature qui a un goût de ville à la campagne avec ses champs, ses prés et ses fermes sur fond urbain, un lieu d'histoire qu'il faut savoir découvrir.***

**2 h 00**
**balisage bleu**
**6 km**
**▼ 480 m - ▲ 610 m**

Au chemin du Creux-Rouge, la ville s'arrête aussi brusquement que se redresse la pente. Pourtant, ses bruits, son haleine sont là, accrochés aux talons, tandis que sous le pas, la terre est molle et les odeurs de mousse et d'humus montent du sol.

Là-haut, sur le plateau, immense terrasse surplombant les environs, le chemin glisse entre friches envahissantes et champs appliqués. Le chant d'un coq, le hennissement d'un cheval nous transportent plus loin. Mais un rien suffirait à faire réapparaître le monde urbain. Partout, des pierres se cachent, qui furent peut-être chemin de ronde, tour ou rempart (cf. encart).

Plus avant, la carrière des Côtes dévore, jour après jour, un peu plus la couche de basalte qui recouvre le plateau. Cette concession accordée par les pouvoirs publics en 1973 devait prendre fin en 1998, mais elle fut reconduite. Nombre d'opposants luttent pour que le site soit classé Zone verte.

**Voir et savoir** ❊ entre **1** et **2**, sur l'agglomération clermontoise, la plaine de la Limagne, le plateau de Gergovie, la chaîne des Puys • avant **5**, panorama (de gauche à droite) sur le puy de Var, la vallée du Cheval, Chanturgue et la colline de La Mouchette.

**Infos pratiques** **Ne pas marcher sur les vestiges archéologiques** ▲ entre **2** et **3** fromage de chèvre à la ferme du Chevalard.

**A proximité** ⬢ visites commentées des vestiges proposés par l'ASCOT (Association pour la Sauvegarde des Côtes de Clermont-Chanturgue), Collections des découvertes de Paul Eychart, visibles au musée Bargoin (Clermont-Fd, cf. page 92).

*Plus de 2 500 ans séparent les divers édifices du plateau des côtes de Clermont. -MA-*

EN 52 AV. J.-C., LES GAULOIS, avec, à leur tête Vercingétorix, se révoltent contre la domination romaine. Installés sur l'oppidum de Gergovie, ils vont mener une bataille qui les conduira à une victoire écrasante sur Jules César, victoire de courte durée puisque Vercingétorix déposera les armes, peu après, à Alésia.

En 1995, cette célèbre bataille, que l'on pourrait croire engloutie par l'histoire, n'est toujours pas terminée. En effet, depuis le 16e siècle, les opinions s'affrontent concernant le site où elle eut lieu. C'est à qui l'identifiera en interprétant le récit qu'en fait César dans *«La Guerre des Gaules»*.

La version la plus officielle est certainement celle qui situe la bataille sur le plateau de Gergovie/La Roche-Blanche. Mais la plus polémique est sans nul doute celle qui la transpose sur les Côtes de Clermont. Paul Eychart, archéologue, ardent défenseur de cette dernière hypothèse, fouille, cherche, explique et revendique «son Gergovie», depuis plus de 40 ans.

L'itinéraire que nous proposons passe non loin de vestiges mis à jour par Eychart et ses disciples (cf. plan). Libre à vous d'y voir une ligne de remparts gaulois ou des murs vignerons. Libre à vous de vous documenter et de prendre position... dans la bataille.

## CHAMINA

5, rue Pierre-le-Vénérable
63057 Clermont-Ferrand Cedex 1
Tél. 04 73 92 81 44 – Fax 04 73 91 62 24
Mail : info@chamina.com
Site : www.chamina.com

*L'association «Les Amis de Chamina», composante bénévole de CHAMINA, participe à la valorisation de la randonnée non motorisée par la prévention et l'entretien des sentiers. Le balisage constitue l'activité principale de l'association et contribue à la découverte du patrimoine naturel et culturel de nos pays, en participant à des activités de promotion et d'animation de Chamina.*
5, rue Pierre-le-Vénérable – 63057 Clermont-Ferrand Cedex 1 – Tél./Fax 04 73 14 01 51.

## LES PARCS NATURELS RÉGIONAUX

**Parc Naturel Régional des Volcans d'Auvergne**
Montlosier – 63970 Aydat
Tél. 04 73 65 64 00 – Fax 04 73 65 66 78
E-mail : parc.volcans@wanadoo.fr
Site : www.parc-volcans-auvergne.com

**Parc Naturel Régional Livradois-Forez**
63880 Saint-Gervais-sous-Meymont
Tél. 04 73 95 57 57 – Fax 04 73 95 57 84
Mail : info@parc-livradois-forez.org
Site : www.parc-livradois-forez.org

## L'INFORMATION TOURISTIQUE

**Espace Massif Central - Maison du Tourisme**
Place de la Victoire – 63000 Clermont-Ferrand
Tél. 04 73 42 60 00 – Fax 04 73 42 60 09
Mail : info@espace-massifcentral.com
Site : www.espace-massifcentral.com

**Comité Régional du Tourisme d'Auvergne**
44, avenue des États-Unis
63057 Clermont-Ferrand Cedex 1
Tél. 04 73 29 49 49 – Fax 04 73 34 11 11
Mail : documentation@crt-auvergne.fr
Site : www.auvergne-tourisme.info

**Agence Départementale de Développement Touristique du Puy-de-Dôme**
Place de la Bourse – 63038 Clermont-Ferrand Cedex 1
Tél. 04 73 42 22 50 – Fax 04 73 42 22 65
Mail : tourisme.63@planetepuydedome.com
Site : www.planetepuydedome.com

**Vulcania**
Parc Européen du Volcanisme
Route de Mazayes
63230 Saint-Ours-les-Roches
Tél. 0 820 827 828 – Fax 04 73 19 70 99
Site : www.vulcania.com

**Météorologie du Puy-de-Dôme**
**répondeur automatique de Météo France**
**Tél. 08 92 68 02 63.**



### OFFICES DE TOURISME ET SYNDICATS D'INITIATIVE

**AIGUEPERSE** – Impasse Saint-Joseph
63260 Aigueperse
Tél. 04 73 63 72 70 - Mail : siaigueperse1@aol.com

**AYDAT (L.A.V.E.) (OT intercommunal)**
Le lac – 63970 Aydat – Tél./Fax 04 73 79 37 69
Mail : ot.aydat@wanadoo.fr – Site : www.aydat.com

**CHAMPEIX** – Place du Pré – 63320 Champeix
Tél. 04 73 96 26 73 – Fax 04 73 89 96 13

**CHÂTEL-GUYON** – Avenue de l'Europe
63140 Châtel-Guyon
Tél. 04 73 86 01 17 – Fax 04 73 86 27 03
Mail : ot.chatelguyon@wanadoo.fr
Site : www.ot-chatel-guyon.com

**CLERMONT-FERRAND** – Place de la Victoire
63000 Clermont-Ferrand
Tél. 04 73 98 65 00 – Fax 04 73 90 04 11
Mail : tourisme@clermont-fd.com
Site : www.ot-clermont-ferrand.fr

**ISSOIRE** – Place du Général-de-Gaulle – BP 08
63500 Issoire – Tél. 04 73 89 15 90 – Fax 04 73 89 96 13
Mail : ot.issoire.pays@wanadoo.fr
Site : www.issoire.com

**LEZOUX** – Rue Pasteur – Mairie – 63190 Lezoux
Tél. 04 73 73 03 13 et 04 73 73 01 00
Fax 04 73 73 04 48 – Mail : mairie.lezoux@wanadoo.fr
Site : www.ville-lezoux.com

**MONTPEYROUX** – Les Pradets – 63114 Montpeyroux
Tél. 04 73 96 68 80 – Fax 04 73 96 63 40
Mail : claude.grenot@wanadoo.fr
Site : www.sejours-issoire.com

**RIOM** – 16, rue du Commerce – 63200 Riom
Tél. 04 73 38 59 45 – Fax 04 73 38 25 15
Mail : ot@riom-auvergne.com
Site : www.riom-auvergne.com

**ROYAT** – 1, avenue Auguste-Rouzaud – 63130 Royat
Tél. 04 73 29 74 70 – Fax 04 73 35 81 07
Mail : ot.royat@wanadoo.fr
Sites : www.ot-royat.com ou www.ot-chamalieres.com

**VOLVIC** – Place de l'Église – 63530 Volvic
Tél. 04 73 33 58 73 – Fax 04 73 33 82 35
Mail : ot@volvic-tourisme.com
Site : www.volvic-tourisme.com

### ... AU FIL DES CHEMINS

Hébergements, restauration, visites, manifestations, artisanat local, etc. Vous trouverez dans ces pages toutes les informations utiles pour compléter et agré-menter vos balades. Ces informations sont répertoriées circuit par circuit, chacun d'eux étant repéré par sa couleur et son numéro d'ordre d'apparition dans le guide.

**1** **Huilerie de Blot** (vente d'huile de noix)
Le bourg, 63440 Blot-l'Église – Tél. 04 73 97 49 22.
**Pain cuit au feu de bois** – Le bourg, Blot-l'Église

# D'ADRESSES

**Ferme-Auberge «Chez Adrien»** – Les Peytoux 63440 Blot-l'Église – Tél. 04 73 97 42 86.
**Restaurant «La Bonne Table»** – Le bourg, Blot-l'Église – Tél. 04 73 97 42 86.
**Exposition dans le prieuré** en août à Saint-Hilaire-la-Croix.
**Feux de la Saint-Jean** en juin à Saint-Pardoux.

**2 Château de Chazeron :** visite tous les jours, de 14 h 30 à 18 h 30, de mai à septembre Tél. 04 73 86 65 42 – Fax 04 73 86 59 46.

**3 Manoir de Veygoux :** près de Charbonnières-les-Varennes : scénomusée des Combrailles. Ouvert toute l'année, de 10 h à 19 h 30 l'été Tél. 04 73 33 83 00 – Fax 04 73 33 85 76.

**4 Maison de la Pierre à Volvic :** visite tous les jours, de 9 h 15 à 18 h, de mai à septembre ; fermée le mardi les autres mois – Tél. 04 73 33 56 92.
**Eaux de Volvic :** diaporama, expositions, dégustation à l'usine du Goulet d'avril à octobre.
**Musée Marcel-Sahut :** visite tous les jours sauf mardi, de 10 h à 12 h et de 14 h à 17 h – Tél. 04 73 33 57 33.
**Marché artisanal** le 1er week-end de mai.

**8 Archipel Volcans, Rando Plume**
Marc Mazataud – Laschamps – 63122 Saint-Genès-Champanelle – Tél. 04 73 62 15 15 ou 06 08 32 08 46 – Mail : info@archipel-volcans.com
**Gîte de Laschamps, Rando Gîte**
François Fenouillère – Laschamps – 63122 Saint-Genès-Champanelle – Tél. 04 73 62 26 00.

**10 Exposition** – Association «Empreintes» Le Mas – 63970 Aydat – Tél. 04 73 79 34 49.

**14 Musée de la Mine de Bayard :** visite du mercredi au dimanche de 10 h à 12 h et de 14 h à 18 h, d'avril à septembre ; le dimanche seulement en octobre et novembre. Tél. 04 73 54 35 82.

**16 Abbaye de Manglieu :** visite tous les jours de 8 h à 18 h.
**Foies gras** à La Petite Sarre – Tél. 04 73 96 89 52

**21 Foire à l'huile à Coudes :** le 1er dimanche de septembre.

**22 Association «Les Amis de la Commanderie»** Mme Courtet – Rue des Écoles – 63730 La Sauvetat – Tél. 04 73 39 52 67.

**23 Ligue pour la Protection des Oiseaux** (L.P.O.) 2 bis, rue du Clos-Perret - 63000 Clermont-Ferrand Tél. 04 73 36 39 79.

**24 Maison de Gergovie :** ouverte tous les jours du 1er mai au 15 octobre, de 10 h à 12 h 30 et de 14 h à 19 h en juin, juillet et août ; de 10 h à 12 h 30 et de 14 h à 18 h en mai, septembre et octobre. Tél. 04 73 79 42 98 – Site : www.ot-gergovie.fr Mail : association@ot-gergovie.fr
**Manifestation internationale de cerfs-volants :** les 7 et 8 octobre sur le plateau de Gergovie.

**25 Musée de la Vigne et du Vin de Basse Auvergne** 24 bis, av. Jean-Noëllet – 63170 Aubière. Visite (1 h), ouvert tous les jours sauf le lundi, de mai à septembre, de 10 h à 12 h et de 14 h à 19 h. Ouvert tous les mardis, mercredis, vendredis, samedis et dimanches du 1er octobre au 14 novembre et du 21 décembre au 30 avril de 10 h à 12 h et de 14 h à 18 h. Fermeture annuelle du 15 novembre au 20 décembre. Afin d'éviter toute attente, il est recommandé aux groupes de prendre rendez-vous – Tél. 04 73 27 60 04.

**26 L.P.O. :** cf. circuit n° 23.
**Bibliothèque municipale de Cournon**
15, place de la Mairie – Tél. 04 73 69 90 12.

**31 Ferme-auberge «Charles Henri»** (foies gras, magrets) – Les Boules – 63350 Crevant-Laveine – Tél. 04 73 73 81 05.

**32 Vigneron** – Francis Layac à Villeneuve-l'Abbé – Tél. 04 73 33 23 10.

**33 Visite guidée de la ville de Riom** (cf. OT/SI).
**Marché réputé** le samedi matin.
**Foire des Cendres** le mercredi des Cendres.
**Foire Saint-Amable** le 1er lundi de juin et le 19 octobre.
**Vins de Madargue** à Saint-Bonnet-près-Riom – Boulin – 24, rue Pasteur – Tél. 04 73 63 34 17 ; Constant – 2, avenue de Riom – Tél. 04 73 63 34 34 ; Déat – 8 bis, rue Michel-de-L'Hospital – Tél. 04 73 63 37 65.

**36 Musée Bargoin** – 45, rue Ballainvilliers : visite tous les jours (sauf les lundis), et jours fériés de 10 h à 18 h.
**Pour les autres musées et les programmes des Festivités à Clermont-Ferrand,** s'adresser à l'office de tourisme : Place de la Victoire – Tél. 04 73 98 65 00 Fax 04 73 90 04 11.


**Une seule marque**
**Cinq enseignes**
**d'hébergements**

Rando Accueil Délégation Massif Central
**Chamina** - 5 rue Pierre-le-Vénérable
63057 Clermont-Ferrand Cedex 1
Tél. 04 73 92 81 44 - Fax 04 73 91 62 24
info@rando-accueil.com
**www.rando-accueil.com**
Catalogue annuel disponible gratuitement sur simple demande. Contactez-nous !


**Autres informations dans le tableau des ressources des communes sur le rabat et la 3e de couverture.**

# INDEX

## INDEX DES NOMS DE LIEUX



## INDEX THÉMATIQUE des encadrés et des textes

### *Architecture et Habitat*



### *Économie d'hier et d'aujourd'hui*

### Géologie, Géographie, Milieux naturels



### Histoire et Patrimoine



### Langue et Littérature



# BIBLIOGRAPHIE

### Ouvrages généraux

BRAUDEL F., *L'identité de la France, III,* Arthaud Flammarion, 1986.

BREUILLÉ L., DUMAS R., ONDET R., TRAPON P., *Maisons paysannes et vie traditionnelle en Auvergne,* Créer, Nonette, 1981.

C.I.E.R.E.C., *Lire le paysage, Lire les paysages,* Travaux XLII, 1984.

GACHON L., *Les Limagnes du sud et leurs bordures montagneuses,* 1939, Laffite Reprints, 1980.

JEANNET J., PIGNAL B., POLLET G., SCARATO P., *Pisé, patrimoine, restauration, technique d'avenir,* Créer, Nonette, 1992.

LAPADU-HARGUES P., *En parcourant le Puy-de-Dôme,* Éd. Plein Air Services, Clermont-Ferrand, 1977.

MANRY A.-G., *Histoire des communes du Puy-de-Dôme,* Éd. Horvath, 1987.

MARTY J.-P., *La Maison rurale en Auvergne, tome I, La Basse Auvergne,* Créer, Nonette, 1977.

PÉTERLONGO J.-M. et DE GOËR DE HERVÉ A. *Massif Central, Guides géologiques régionaux,* Masson, Paris, 1972.

MAZATAUD P., *Géopolitique de l'Auvergne,* Fayard-Créer, 1988.

MAZATAUD P., BANY P., et BERTRAND É., *Auvergne, Bourbonnais, Velay* - (Col. Guides Bleus), Hachette, 1992.

MONDANEL P., *L'ancienne batellerie de l'Allier et de la Dore,* Clermont-Ferrand, 1975 *(rééd.).*

SURMELY F., *Guide des mégalithes d'Auvergne,* Éd. de Borée, 1995.

### Revues

*Biza Neira, n° 44, «La terre commune»*, PIERRE BONNAUD, 1984.

*Biza Neira, n° 65, «Les couzes auvergnates, des quadruplées mystérieuses»,* HENRI GARNERO, 1990.

*Biza Neira, n° 66, «La formation du vignoble auvergnat»*, PIERRE BONNAUD, 1990.

*Bulletin historique et scientifique de l'Auvergne,* tome 35, *«La chapelle Saint-Don»*, EDMOND MORAND, 1915.

*Canton de Billom, Puy-de-Dôme, Images du patrimoine n° 95, Inventaire général d'Auvergne,* Clermont-Ferrand, 1991.

*La dépêche scientifique du parc, n° 8/9 «Volcanisme et volcans d'Auvergne»*, mars 1995.

*Massif Central Magazine, n° 6,* novembre-décembre 1994.

*Métiers d'art, n° 15, «La pierre de Volvic»*, JEAN ANGLADE, avril 1981.

*Revue d'Auvergne, tome 101, n° 1, «Histoire de la forêt du Massif central»*, septembre 1986.

### Guides de randonnée

*Chaîne des Puys, 40 circuits de petite randonnée et 10 micro-balades*, Chamina, Clermont-Ferrand, mise à jour 2004.

*Combrailles, Cher et Sioule,* 78 circuits de petite randonnée, Chamina, Clermont-Ferrand, mise à jour 2003.

*Monts du Livradois-Forez,* 60 circuits de petite randonnée, Chamina, Clermont-Ferrand, mise à jour 2003.

*Lembron et Pays des Couzes,* 30 circuits de petite randonnée, Chamina, Clermont-Ferrand, mise à jour 2002.

*Région Clermontoise,* 28 circuits de petite randonnée, Chamina, Clermont-Ferrand, mise à jour 2002.

Une documentation sur les fortifications villageoises dans le Puy-de-Dôme peut être consultée auprès du Groupe de Recherche «Aménagement et Architecture rurale» à l'école d'Architecture de Clermont-Ferrand.

Ce guide a bénéficié du soutien financier de l'État (FNADT Auvergne),
du Conseil Régional d'Auvergne, du Conseil Général du Puy-de-Dôme
et de la ville de Clermont-Ferrand

AUVERGNE

CONSEIL GENERAL
DU PUY-DE-DOME

VILLE DE
CLERMONT
FERRAND

-IG-

Chamina

5, rue Pierre-le-Vénérable
63057 Clermont-Ferrand Cedex 1 - Tél. 04 73 92 81 44 - Fax 04 73 91 62 24
E-mail : info@chamina.com - Site : www.chamina.com

Dépôt légal : 2e trimestre 1996

DANGER
LE PHOTOCOPILLAGE TUE LE LIVRE

Toute reproduction ou représentation, intégrale ou partielle, par quelque procédé que ce soit (reprographie, microfilmage, scannérisation, numérisation...) de la présente publication, faite sans l'autorisation de l'éditeur est illicite (article L 122-4 du Code de la propriété intellectuelle du 1er juillet 1992) et constitue une contrefaçon sanctionnée par les articles L 335-2 et suivants du Code de la propriété intellectuelle.
L'autorisation de reproduire dans une autre publication (livre ou périodique) un article paru dans la présente publication doit être obtenue auprès de l'éditeur : Chamina (voir coordonnées ci-dessus).
La reproduction des extraits de cartes figurant dans cet ouvrage est autorisée par l'Institut Géographique National.

**Les demandes d'autorisation de photocopier doivent être adressées à l'éditeur ou auprès du Centre Français d'exploitation du droit de copie (CFC) : 20, rue des Grands-Augustins - 75006 PARIS - Tél. 01 44 07 47 70 - Fax 01 46 34 67 19**

**Responsabilités :** Les indications fournies dans le présent ouvrage : itinéraires, hébergements, ressources sont exactes au moment de son édition. Les modifications pouvant intervenir par la suite sur le terrain ne pourraient en aucun cas engager la responsabilité des auteurs ni celle de l'association Chamina. Il en est de même pour les accidents de toute nature pouvant survenir aux utilisateurs lors de leurs randonnées. Néanmoins toutes remarques ou observations qui seraient formulées seront examinées avec attention.